现代会计理论与应用

郭厚芳　袁雅楠　丁章丽　著

吉林科学技术出版社

图书在版编目（CIP）数据

现代会计理论与应用 / 郭厚芳，袁雅楠，丁章丽著
. —— 长春：吉林科学技术出版社，2023.7
ISBN 978-7-5744-0816-6

Ⅰ．①现… Ⅱ．①郭… ②袁… ③丁… Ⅲ．①会计学
—研究 Ⅳ．① F230

中国国家版本馆 CIP 数据核字（2023）第 177125 号

现代会计理论与应用

著　　者	郭厚芳　袁雅楠　丁章丽
出 版 人	宛　霞
责任编辑	周振新
封面设计	树人教育
制　　版	树人教育
幅面尺寸	185mm×260mm
开　　本	16
字　　数	250 千字
印　　张	11.5
版　　次	2023 年 7 月第 1 版
印　　次	2023 年 7 月第 1 次印刷
出　　版	吉林科学技术出版社
发　　行	吉林科学技术出版社
地　　址	长春市南关区福祉大路 5788 号出版大厦 A 座
邮　　编	130118

发行部电话 / 传真　0431—81629529　　　81629530　　　81629531
　　　　　　　　　　　　81629532　　　81629533　　　81629534

储运部电话　0431—86059116

编辑部电话　0431—81629520

印　　刷	廊坊市广阳区九洲印刷厂
书　　号	ISBN 978-7-5744-0816-6
定　　价	81.00 元

前　言

　　会计学是随着会计各项工作的开展和相关理论研究的深入而出现的学科，对会计的实际工作有着重要的指导作用。在新形势下，我国会计主要呈现出综合化和具体化的发展趋势。

　　本书首先对现代会计理论作了基本概述，其次讲述了现代会计基本假设分析、会计要素与会计等式、会计目标、账户分类、财产清查、财务报告、财务报表分析和会计工作组织的内容，最后研究了会计信息质量的发展以及我国会计模式的选择与变迁。本书可供会计相关领域的人员学习、参考。

　　本书在编写的过程中借鉴了一些专家学者的研究成果和资料，在此特向他们表示感谢。由于编写时间仓促，编写水平有限，因而不足之处在所难免，恳请专家和广大读者提出宝贵意见，予以批评指正，以便改进。

目　录

第一章　现代会计理论的基本概述

第一节　现代会计理论的含义

什么是会计理论，不同的组织、不同的学者对此有不同的解释。

美国会计学会（AAA）在 1966 年发表的《基本会计理论说明书》中对会计理论的定义为："一套紧密相连的假定性的、概念性的和实用性的原理的整体，构成了对所要探索领域的可供参考的一般框架。"美国会计学会（AAA）对会计理论的定义是直接引用了《韦氏新国际词典》对理论的定义，没有突出会计理论的特点。

美国会计学家莫斯特（K.S.Most）在 1986 年的著作《会计理论》（第二版）中认为："理论是对一系列现象的规则或原则的系统描述，它可视为组织思想、解释现象和预测未来行为的框架。会计理论是由与会计实务相区别的原则和方法的系统描述组成。"莫斯特（K.S.Most）对会计理论的定义，突出了对会计原则与方法的描述。

美国会计学家亨德里克森（Eiden S.Hend-ksen）在 1992 年的《会计理论》（第五版）中认为："会计理论可以定义为一套逻辑严密的原则：（1）它使实务工作者、投资人、经理和学生能够更好地了解当前的会计实务；（2）它提供了评估当前会计实务的概念框架；（3）它能够指导新的实务和程序的建立。"亨德里克森对会计理论的定义，侧重于对会计理论目的和作用的描述。

当代实证会计理论的代表人瓦茨（Watts）和齐默尔曼（zimmermann）对会计理论的理解是："会计理论的目标是解释和预测会计实务。解释是指为观察到的实务提供理由，预测是指会计理论应能够预测未观察到的会计现象。"在瓦茨和齐默尔曼看来，假设和对数据的验证是发展会计理论的基本手段。

美国著名会计学家利特尔顿（Littleton）认为，会计理论通过为在会计中获得清晰的思维提供帮助来证实其自身存在的合理性，会计理论的职责是对信念和惯例加以批判性分析，阐明经验与推广最佳经验，并引导对会计工作的起源和结果直接关注，理论的性质就是做出解释，理论的最主要特征通常就是解释。

美国财务会计准则委员会（FASB）对财务会计概念框架（CF）的研究，实际上就是对财务会计基本理论的表述："CF 是由互相关联的目标和基本概念所组成的逻辑一致的体系，这些目标和基本概念可用来引导首尾一贯的准则，并对财务报告的性质、作用和局限性作出规定。"

我国著名的会计学家葛家澍在 1986 年出版的《会计的基本概念》一书中认为："会计学是一门研究会计的科学，它把人们对会计这一实践活动的认识加以系统化和条理化，形成一整套的会计知识体系。"同时他认为，会计理论与其他一切理论一样，来自实践，又应再回到实践。来自实践，意味着我们在观察大量会计现象之后，从中发现某些带有共性的特征，通过理性认识，把它上升到概念。概念就属于理论的范畴。

我国著名的会计学家娄尔行在 1989 年发表的《研究我国会计理论和会计准则，促进会计实践》的论文中将会计理论定义为："会计理论是人们对会计实践的经验总结，是在理性的高度上对会计实践规律的认识，它一经形成就反过来指导和影响会计实践。"

我国著名的会计学家阎达五在 1985 年出版的《会计理论专题》一书中认为："所谓会计理论，指的是人类积累起来的关于会计实践的知识体系。概括地说，这个体系应当完整地、准确地解决如何认识会计工作和如何做好会计工作这样两方面的问题。"具体地说，它应当科学地回答以下一些问题：（1）会计的本质、职能和作用；（2）会计与经济效果；（3）会计与价值运动、价值管理；（4）会计管理的内容、任务和方法；（5）会计工作的组织；（6）关于会计方法的理论；（7）会计学的研究对象及其科学属性；（8）会计发展的新领域，社会会计的产生与发展；（9）科学技术进步对会计理论与实践的影响；（10）关于会计史研究中的若干问题。阎达五对会计理论的定义是基于会计的本质是一种管理活动。

我国著名的会计学家裘宗舜在《财务会计概念研究》一书中认为："会计理论，指的是人类在长期的会计实践中积累起来的经验总结，是关于会计的系统化、条理化的理性认识，它是会计实践上升到理性高度的抽象，它来自于会计实践同时又反过来指导会计实践，服务于会计实践，使具体会计工作能够产生应用的效果。"

综合以上对会计理论的不同表述，我们认为，会计理论是人们在长期的会计实践基础上产生的关于会计的系统化、条理化的理性认识，是对会计目标、会计假设、会计概念、会计原则、会计对象、会计要素、会计程序和方法以及它们对会计实务的指导关系所做的系统说明。

第二节 会计理论的目的和作用

一、会计理论的目的

美国会计学会在 1966 年发表的《基本会计理论说明书》中认为，会计理论研究的主要目的是：（1）确定会计的范围，以便于对会计提出概念，并有可能发展会计理论；（2）建立会计准则来判断评价会计信息；（3）指明会计实务中有可能改进的一些方面；（4）为会计研究人员寻求扩大会计应用范围，对因社会发展的需要在扩展会计学科的范围时提供一个有用的框架。

国际会计准则理事会（IASB）采纳的《编报财务报表的框架》中认为，其编制本框架的目的是：（1）帮助国际会计准则理事会制定新的国际会计准则和审议现有的国际会计准则；（2）为减少国际会计准则所允许选用的会计处理方法的数量提供基础，借以协助国际会计准则理事会推进与编报财务报表有关的法规、会计准则和程序的协调；（3）帮助各国会计准则制定机构制定本国的准则；（4）帮助财务报表编制者应用国际会计准则和处理尚待列作国际会计准则项目的问题；（5）帮助审计师形成关于财务报表是否符合国际会计准则的意见；（6）帮助使用者理解根据国际会计准则编制的财务报表包括的信息；（7）向关心国际会计准则委员会工作的人士提供关于制定国际会计准则的方法的信息。由于国际会计准则理事会发布的《编报财务报表的框架》实际上起到了国际会计准则理事会概念框架的作用，因此，其《编报财务报表的框架》的目的，在一定程度上反映了国际会计准则理事会研究会计理论的目的及期待它应发挥的作用。

概括地说，会计理论的目的主要表现为五个方面：一是指导会计准则的制定；二是评价会计准则的有效性；三是预测和帮助开拓新的会计准则；四是抵制利益集团的压力；五是直接指导会计实务。

一是指导会计准则的制定。美国财务会计准则委员会（FASB）在财务会计概念结构框架研究计划中明确指出，这些概念"将能够指导首尾一贯的会计准则，并且将说明财务会计和财务报表的性质、作用和局限性……并应用会计准则反复引证这些概念。"可见，会计理论特别是财务会计概念结构框架的确立，可以帮助会计准则制定机构在制定具体准则时能保持相关概念的内在一致性，减少或避免不同准则之间的冲突，限制会计实务中相同交易的多种处理方法和程序，提高会计信息的可比性和一致性。

二是评价会计准则的有效性。衡量会计准则是否具有高质量，是否有效，尽管可用实践的标准去检验，但根据制度经济学的基本原理，既然会计理论是制定会计准则的理论基础，那么评价会计准则是否有效的标准也应该以会计理论为依据。这样能促使会计准则制定者在制定会计准则时自觉地运用会计理论，并做到制定基础和评价依据的一致性。

三是预测和帮助开拓新的准则。会计准则是对会计实践的科学反映和系统总结，对于许多新的和未知的会计实践领域，需要准则制定者尽快制定出相应的准则，而会计理论可以帮助制定者缩短探索新的和未知领域的时间，少走弯路，从而使会计准则尽可能接近于会计实践，甚至超越实践。正如美国财务会计准则委员会（FASB）前任主席唐纳德·柯克（Donald. kirk）认为："有了概念结构，会计准则的制定就有了方向。否则，它们的制定将是缓慢的。如果缺乏概念结构，势必招致外界集团的批评，比如指责会计准则的发展是毫无目标与宗旨的"或者说"只有以概念结构为指导，将来的会计准则才能以更为合理和一致的方式制定"。

四是抵制利益集团的压力。会计准则具有经济后果，它不仅对微观主体可能产生经济影响，还对政府的宏观目标或社会目标产生影响。因此，会计准则的制定过程既是不同利益集团博弈的过程，其本身也是一个政治化程序。研究经济后果学说的代表性人物，美国知名学者泽夫在《"经济后果"学说的兴起》一文中认为，所谓经济后果，是指会计报告将影响企业、政府、工会、投资人和债权人的决策行为，受影响的决策行为反过来又会损害其他相关方面的利益。美国另一位学者（Rappaport）在《会计准则的经济影响》一文中也认为，对规范公司必须报告什么和如何描述其经济活动的准则制定过程来说，需要以一个更宽的眼界——而不是从传统的会计技术角度来重新认识。会计立法者们必须具有更宽广的视野，仅仅作为一个会计专家是不够的。他们必须既谙熟会计，又能洞悉会计在经济环境中的作用及会计决策对经济环境的影响。而郝金斯（David M. Hawkins）于 1973 年11 月在纽约所做的演讲《财务会计、准则机构和经济发展》中更是明确指出："联邦政府越来越意识到公司报告的行为性影响及其宏观经济后果。公司报告准则应当能引导个体经济行为与国家宏观经济目标相一致，美国财务会计准则委员会（FASB）的目标必须要考虑更多的内容，而不仅仅是会计理论或我们通常所持的经济有用数据的观念。公司报告准则应产生对经济决策有用的信息，前提是会计准则要符合政府宏观经济目标和经济计划，以便于达成这一目的。由于美国财务会计准则委员会（FASB）具有影响经济行为的权力，它就有义务支持政府的经济计划。"

因此，不同的利益集团出于各自的政治目的，都力图对会计准则的制定过程施加压力，使准则的制定朝着符合自身利益的方向发展。而建立一套能够为各方利益集团普遍认可、接受的财务会计概念结构框架（这是会计理论的核心），用于指导会计准则的制定，则可以在一定程度上缓和或抵消各利益集团的政治压力。

五是直接指导会计实务。通常情况下，会计准则是指导会计实务的直接依据，但由于会计准则的制定总是落后于会计实践，当会计实践的发展致使原有的会计准则不再适应或处于会计准则真空状态时，作为会计准则制定基础的会计理论将起到直接指导会计实务的作用。

二、会计理论的作用

美国会计学家利特尔顿在《会计理论结构》一书中，把会计理论的作用归纳为以下六点：（1）帮助我们研究已经完成的实务，以便使我们能够理解指导那种处理方法或建立另一处理方法的理由；（2）帮助我们在观念和思想之间寻找相互联系的思路、理由和目标；（3）帮助我们权衡可选择的观念、目标和方法；（4）帮助我们注意各种观念的相关性，帮助我们理解某些观念比其他观念更重要，以及有些观念与其他观念密切相关而有些观念则截然不同；（5）帮助我们增强运用观念工作能力，寻求与一个问题有关的观念，解决观念之间的冲突，展开并增进观念的意义；（6）帮助我们认识可以运用原则的场合，就像我们选择适合于某种情况的程序那样容易。

另一位美国会计学家亨利·沃克（H.I. Wolk）则强调会计理论的作用主要在于解释和预测不同事物或现象之间的关系。他认为，会计理论对会计实务的作用主要是通过会计理论对会计政策选择（或会计准则的制定）的影响而实现。

概括地说，会计理论的作用主要包括以下四个方面：

一是可用来解释和说明现有的会计实务。会计理论源于实践，但又高于实践，会计理论必须能够解释和说明为什么会计行为是这样的，为什么采用这样的会计处理方法，而不采用其他的会计处理方法，或解释和说明可以使用其他方法的理由。通过对会计实务的解释和说明，促使良好的会计实务生成；同时，会计理论也只有在解释和说明会计实务中得以验证。所以，美国会计学家（Ahmed Belkaoui）认为："某种给定的会计理论应能解释和预测会计现象，但当这些会计现象出现时，它们又反过来验证理论。"

二是有助于信息使用者更好地理解现有的会计实务和财务报告信息。会计理论可以增进报告提供者和使用者之间的沟通，帮助使用者了解财务会计报告的一些基本概念和基本原理及相关事项，理解财务报告的目标、作用及其局限，从而使用者对财务报告信息有一个正确的理解，并据此做出恰当的分析判断和正确的决策。

三是能为评价现有会计实务提供一个概念框架。如前所述，指导和评价会计实务的主要依据是会计准则等一系列会计规范，但这些会计规范是依据会计理论制定出来的。所以，评价会计实务的根本依据还是会计理论。当一项新的会计事项产生，而没有相应的会计规范去约束或原有会计规范不适合时，可以用会计理论对这一特定事项进行评价，并催生新的会计规范的产生。

四是可以用来预测会计实务发展的趋势。预测是对未来事项的反映，而未来事项具有不确定性、模糊性和风险性。会计理论应当能够预测未观察到的会计事项，并对未来事项进行描述和归纳，从而指导新的会计程序和方法的开拓。

第三节　会计理论的层次

根据对会计理论及其作用的不同理解，亨德里克森认为，会计理论可分成三个不同作用标志的层次：即结构性理论、解释性理论、行为性理论。

一、结构性理论

它主要试图说明现存会计实务，并预测在某种情况下会计人员如何通过会计报告来反映既定情况产生的具体会计事项。因为这种会计理论着重描述会计的结构形式，在会计理论体系中起着类似于语言学中语句语法的作用，所以也可以称其为"句法性理论"或"语法性理论"（Syntactical Theory）。

二、解释性理论

即借助经济学概念来解释会计实务，使会计报表的编制者对会计概念、会计准则的运用和解释与报表使用者的理解相一致，与会计信息系统意思反映的对象相一致。这一理论的作用在于坚持会计实务的逻辑性，其在会计理论体系中起着类似于语言学中语义的作用，所以又可称之为"语义性理论"（Senantical Theory）。

三、行为性理论

在于强调会计信息使用者的需要，以及会计信息应如何影响使用者的决策行为。行为性理论也考虑面向管理决策的内部报告以及会计和审计人员在信息反馈中的作用。这种理论试图说明，如果企业采用一种新的会计政策和会计程序，必须运用行为性理论去计量和评估由此引起的经济的、社会的、心理的等各方面的影响。其在会计理论体系中起着类似于语言学中语用的作用，所以又可称之为"语用性理论"（Pragnlatical Theory）。

第四节　会计理论的分类

在现代西方会计理论中，对会计理论的分类方法很多，如按学科领域进行分类，按研究方式进行分类，按推理方式进行分类，按语言关系进行分类等。下面主要对前三种分类方法进行简单介绍。

一、按学科分类

会计理论按学科分类可分为财务会计理论、管理会计理论和审计理论。

（一）财务会计理论

财务会计理论是关于财务会计学科领域的理论，迄今为止，大多数会计文献和会计理论的研究成果均属于财务会计理论。

（二）管理会计理论

管理会计是现代会计的一个分支，它是从传统的、单一的会计系统中分离出来，成为与财务会计并列的一门新兴的、独立的、综合性边缘学科，是多种学科相互交叉、渗透的结合体。1988年4月，国际会计师联合会在其发表的一份《国际管理会计实务》的征求意见稿《论管理会计概念》中明确指出："管理会计可定义为：在一个组织中，管理部门用于计划、评价和控制的（财务和经营）信息的确认、计量、收集、分析、编报、解释和传输的过程，以确保其资源的合理使用并履行相应的经营责任。"管理会计经历了20世纪20～30年代的萌芽阶段，40～50年代的创建阶段，60～80年代的发展阶段。在最近的发展过程中，管理会计理论引入了其他学科的一些重大研究成果，如委托代理理论、社会学理论、信息经济学理论、全面质量管理理论等，从而形成了许多新的分支学科，如社会责任会计、资源环境会计、作业成本理论、质量会计理论等，从而大大丰富了管理会计理论。

（三）审计理论

1991年国际审计准则委员会对审计的定义是：审计是指对某一企业的财务报表或有关的财务信息进行独立的审查并进而发表意见。审计包括外部审计和内部审计两个方面。外部审计通常是指政府审计和注册会计师审计（或称民间审计、社会审计）。简单地说，审计理论就是对审计本质、审计目标、审计假设、审计环境、审计概念、审计准则、审计程序和方法等及对审计实务指导关系所做的系统说明。

随着两权分离理论、委托代理理论、信息不对称理论、信号理论、保险理论、公司治理理论被引入审计研究领域，审计理论得到了极大的丰富和发展。

二、按研究方法分类

按研究方法分类，会计理论可分为规范会计理论、实证会计理论和行为会计理论等。

（一）规范会计理论

规范会计理论是指采用规范性方法，即强调演绎方法所建立起来的会计理论体系。传统会计理论大多属于规范会计理论。由于规范性研究方法所强调的是世界应该是如何运行的，而不关心世界是如何运行的，因而相应地，规范会计理论主张不应受会计实务的影响去发展会计理论，强调会计理论应高于会计实践，并指导会计实践。

（二）实证会计理论

实证会计理论是指采用实证研究方法建立起来的会计理论体系。实证会计理论研究的目的是解释所观察到的会计现象，并寻找出这些会计现象发生的原因。实证会计研究常用的方法有：问卷调查法、案例分析法、实验研究法（包括实验室实验研究和实地实验研究）、专家访谈法和数理统计研究法。用实证方法研究会计理论问题的一般程序是：提出命题、建立假设、收集资料、验证真伪。

实证会计理论研究的奠基人是美国的经济学家和会计学家鲍尔（R.J.Ball）和布朗（P.Brown），他们于 1968 年在《会计研究杂志》上发表的《会计数据的实证评估》是实证会计研究的起源。而比弗（W.Beaver）、瓦茨（Watts）和齐默尔曼（zimmermann）等学者在 20 世纪 70 年代开展的一系列开拓性研究，促使实证会计理论在西方财务会计理论研究中获得普遍的认可和深入的发展。

实证会计理论研究经历了两个主要发展阶段，第一阶段主要是研究会计和资本市场的行为，主要讨论的是会计信息在资本市场上的作用，但未能对会计实务做出解释和预测，典型的是会计信息含量的研究；实证会计理论研究的第二个阶段着重于试图解释和预测企业的会计实务，即会计政策选择的实证研究不同的会计政策选择会影响不同利益主体的经济利益，即会产生不同的经济后果。研究的重点集中在两个方面：一是试图解释企业在有选择余地的情况下为什么选择了某一特定的会计程序和方法；二是试图解释企业是为了效益的原因选择了某一会计实务，即会计政策是预先选定的，典型的是盈余管理的研究。

（三）行为会计理论

行为会计是研究特定约束条件下会计行为的指向及其变动规律的学科，它是会计学、行为科学、心理学、社会学、管理学等学科相互渗透、相互融合的产物。行为会计理论认为，会计行为不是无序的，而是有规律并且可以控制。会计行为是各约束条件的函数，即会计行为取决于各影响因素形成的约束条件。行为会计的基本特征是：行为会计是一门边缘性学科，行为会计具有会计学的基本特征，行为会计的目标是揭示会计的行为动机和行为目的，以及会计行为对企业及企业利害关系者的影响和影响程度，以便寻找更加科学的会计行为。

三、按推理方式分类

按推理方式分类，会计理论可以划分为演绎推理理论和归纳推理理论。

（一）演绎推理理论

演绎推理理论是依据演绎推理程序建立起来的会计理论体系。这里的演绎推理程序是以会计目标、会计假设或其他概念为前提，推导出会计原则、准则及相应程序和方法的过程。运用演绎法进行推理的一般程序为：提出命题—推导结论—验证—具体问题；可以有两种不同的逻辑推演思路：第一，会计假设—会计基本原则—会计准则—具体会计程序；第二，会计目标—会计信息质量特征—会计要素—会计确认、计量与报告的标准。用演绎推理构建会计理论的优点是可以保持相关概念之间的内在逻辑关系，使理论构建具有逻辑严密性；缺点是如果假设或前提是错误的，那么则整个理论结构也是错误的。

（二）归纳推理理论

归纳推理理论是依据归纳推理程序建立起来的会计理论体系。这里的归纳推理程序就是从大量具体的会计实务归纳推理出具有一般性关系或结论的过程。运用归纳法进行推理的一般程序为：观察与记录全部的观察结果—分析与分类记录结果—从观察到的关系中推导出一般会计概念或会计原则—验证推导出的结论。用归纳推理构建会计理论的优点是可以不受预定模式或结构的约束，并把理论结构建立在大量具体事实的基础上；缺点是由于个别人的观察对象与范围有限，每个企业或经济组织的情况不同，有关的内在联系或数据关系也可能不同，从而使归纳推理的结论难免会以偏概全。

第二章　现代会计基本假设分析

　　会计假设又称会计假定，是指"对某些未被确切认识的会计现象，根据客观的正常情况或趋势所做的合乎事理的判断，而形成的一系列构成会计思想基础的公理或假定"。它是限定会计核算的范围、内容，据以对收集、加工处理的会计信息加以过滤和筛选，以保证会计工作正常进行和会计信息质量的基本前提和约束条件，也是设计和选择会计方法、程序的重要依据。

　　1922 年，佩顿在其著作《会计理论》中最先提出会计假设的概念："现代会计不但需要在许多场合运用估计和判断，而且整个结构是建立在一系列的一般假设的基础上，换句话说，要有一些基本前提和假定支持会计人员对价值、成本、收益等做出特定结论。否则，这些结论将难以成立。"他还认为，如果没有一定的假设，会计实务就不可能顺利进行。因此，会计假设是企业会计确认、计量和报告的前提。

　　美国伊利诺斯大学国际会计教育与研究中心的一个研究小组在 1964 年发表了一份题为《基本会计假设与原则说明》的报告，该报告认为会计假设应具有以下五个特征：假设在本质上是普遍性的，而且是推导其他命题的基础；假设是不言而自明的命题，它们或直接与会计职业相关，或是其构成基石；假设虽是普遍认为有效的，但却是无法证明的；会计假设应具有内在一致性，它们不会互相冲突；每个会计假设都是独立的基本命题，并不会与其他假设重复或交叉。

　　我国著名的会计学家裘宗舜认为，会计假设的本质特征是客观性、普遍性、难以正面证明性和独立性。所谓客观性是指会计假设不是人们凭空想象出来的，它是人们在长期的会计实践中逐步认识和总结而形成的，因此具有客观性；普遍性是指会计假设对所有的会计工作都适用；难以正面证明性是指会计假设不能对其本身作直接的验证，但可以由假设所演绎出的结论加以验证；独立性是指每一个会计假设都是独立的命题，不会互相冲突。

　　根据西方会计学者的解释，由于会计实务中存在着不确定性因素，在会计处理时难免要运用判断和估计，这就需要先做出一定的假设，会计假设正是会计人员对那些未经确切认识或无法正面论证的经济事项和会计现象，根据客观的正常情况或趋势所作出的合乎事理的推断。但是，尽管假设是对客观经济环境所作出的合乎逻辑的理性抽象，但毕竟与经济现实存在一定的差距。当这种差距被限定在一定的范围内时，这种假设就可以被接受，可以认为是有效的；但当假设远离会计经济环境，而不是对现实理性的概括和总结时，会计假设固有的局限性就会充分暴露出来，会计假设的消极作用就会超过积极作用，据此假设所提供的会计信息的可靠性和相关性就很低，从而也使信息使用者的决策有用性降低，这又反过来加剧了会计环境的不确定性，扰乱正常的会计秩序。这说明，会计假设存在和发挥作用的前提是假设与现实的脱节应保持在合理的限度内，当现实发生较大变化时，会计假设也必须做出相应的修正，以适应变化了的环境。

对会计假设构成要素的界定，不同的学者有不同的观点。佩顿在其所著的《会计理论》一书中提出了七项会计假设：经营主体、持续经营、资产负债表恒等式、财务状况与资产负债表、成本与账面价值、应计成本、收益和期后影响。1940年，佩顿和利特尔顿在其合著的《公司会计准则绪论》一书中又提出了六项会计假设：经营主体、持续经营、分期、价格积累、货币计量单位、收入与费用配比。

国际会计准则委员会认为，会计基本假设有持续经营、一致性和权责发生制。但在1989年发布的《编报财务报表的框架》中只保留了持续经营和权责发生制。

我国著名会计学家葛家澍教授在《会计研究》上发表的《会计基本假设的再认只》一文中，联系我国经济环境的现实特点，认为应将宏观调控、会计主体、以货币为基本计量单位、市场价格（或交换价格）四项作为会计基本假设，将持续经营、会计分期和权责发生制等作为会计基本假定，从而把会计假设区分为会计基本假设和会计基本假定。

我国财政部发布的《企业会计准则——基本准则》一书认为，会计基本假设包括会计主体假设、持续经营假设、会计分期假设和货币计量假设，同时将权责发生制作为会计基础与上述会计基本假设并入基本准则的总则中，认为权责发生制是企业会计确认、计量、报告的基础，必须贯穿于整个企业会计准则体系的全过程，属于财务会计的基本问题，其层次较高，统驭作用强，这实际上是把权责发生制放在与会计基本假设同等重要的位置。

目前，国内的绝大多数学者仍坚持会计假设。一般包括四个基本假设：即会计主体假设、持续经营假设、会计分期假设和货币计量假设。下面，本书将对这四个基本假设作简要阐述。

第一节　会计主体假设

会计主体是指会计工作为其服务的特定单位或组织，它为会计工作规定了活动的空间和范围。会计主体是随着社会生产力和经济活动组织形式的发展变化而产生的。在生产经营规模很小，业主独资经营的情况下，经营活动和业主的活动是合二为一的，其会计核算的内容既包括业主生产经营活动，也包括个人的收支。而当几个人合伙经营时，合伙经营收支活动就必须与各业主个人收支活动相区分，需要确定会计主体，即合伙会计的核算范围。这样，会计主体的概念便应运而生。

会计主体的作用在于界定不同会计主体会计核算的空间范围。为了向财务报告使用者反映企业财务状况、经营成果和现金流量，提供与决策有用的信息，会计核算和财务报告的编制应当集中于反映特定对象的活动，并将其与其他经济实体区别开来，这样才能实现财务报告的目标。因此，对企业来说，它要求会计核算区分自身的经济活动与其他企业单位的经济活动，区分企业的经济活动与企业投资者的经济活动。企业的会计记录和会计报表涉及的只是企业主体范围内的经济活动，而不核算反映企业投资者或所有者的经济活动，也不核算反映其他企业或其他经济主体的经济活动。这样通过界定会计核算的范围，才能正确反映会计主体的资产、负债和所有者权益情况，才能准确提供反映企业财务状况、经营成果和现金流量的会计报表，才能提供会计信息的使用者所需要的信息资料。也正是确定了会计核算的范围，企业的投资人、债权人及其他利益相关人才可能从企业的会计报表中得到有用的会计信息。

会计主体与法律主体并不是同一概念。一般说来，法律主体必然是会计主体，但会计主体并不一定就是法律主体。任何企业，无论是独资、合资或合伙企业，都是一个会计主体。在企业规模较大的情况下，为了便于掌握其分支机构的生产经营活动和收支情况，可以将分支机构作为会计主体，要求其每期编制会计报表。此外，在控股经营的情况下，母公司及其控制的子公司均为独立的法律主体，各为会计主体，但在编制合并会计报表时，也可将母公司和子公司这些独立的法律主体组成的企业集团视为一个会计主体，将其各自的会计报表予以合并，以反映企业集团整体的财务状况和经营成果。也就是说，会计主体可以是独立法人，也可以是非法人；可以是一个企业，也可以是企业内部的某一单位或企业中的一个特定的部分（如企业的分公司）；可以是单个企业，也可以是由几个企业组成的企业集团。

然而，随着科学技术特别是信息技术、网络技术的发展和应用及竞争的日趋激烈，经济发展日益表现出多样化、复杂化，会计主体假设的典型形态——企业的边界也变得越来越模糊，具体表现为：

1. 企业的外延越来越难以界定。以知识为基础的信息技术革命不仅突破了地域空间对经济交往的限制，更重要的是导致企业组织之间的界限不再像工业时代那样清晰。企业能够轻易实现内部某些要素与外部相关要素的重新组合，从而构成新的功能，实现新的生产能力。这种"新组合"的实质是一种动态的合作关系，其表现形式有"战略联盟"和"虚拟企业"。所谓"战略联盟"，是指由两个或两个以上有着对等经营实力的企业为达到共同拥有市场、共同使用资源等战略目标，通过各种契约而结成的优势相长、风险共担、要素双向或多向流动的松散型网络组织。战略联盟多为自发的、非强制性的，联盟各方仍保持着原有企业的经营独立性。"虚拟企业"是指在信息社会中，企业在开发、生产、销售新产品时，通过信息网络在世界范围内形成的最佳合作伙伴组成的临时集团。当开发某个项目时，技术能力、生产能力、销售能力最强的企业主动组合到一起共同开发和生产，项目结束后，联合体立即解散。由于虚拟企业没有有形的办公场所、固定资产、雇员等，仅仅是一个抽象的联合体，因而它的最重要资产只能是人力资源和知识产权。

　　虚拟企业的出现，突破了以往的空间概念，使会计主体不仅仅局限于现实生活中"实"的物理空间，还对应于网络中"虚"的媒体空间。这种"虚"的媒体空间，跨越了现实中的地域界限。更为重要的是，"虚拟企业"使企业的空间范围能够根据迅速变化的市场需要灵活地重构和分合，从而使会计主体具有可变化性。它可能根据业务需要随时膨胀或缩小，也可能立即解散。

　　可见，存在于网络中的虚拟企业与传统的会计实体相比，具有很大的不确定性。它极大地改变了会计主体的存在方式，它是一种新型的"相对会计主体"，一个具有"相对稳定"的网络上的组织——由各独立组织组成的临时联盟体。这种"相对"会计主体拓展了以往传统有形的会计实体假设。

　　由于虚拟企业外延界定的困难，导致会计主体假定的模糊，这样，如何真实、公允地计量这些虚拟公司的资产、负债、所有者权益，会计报表如何在形式和内容上适应这种变化，是会计主体假设理论必须解决的问题。

　　2. 不同利益主体对会计信息的不同需求，导致了现行会计主体编制的四大报表，即资产负债表、利润表、所有者权益变动表和现金流量表很难满足用户的个性化需求。会计报表信息公开的内容理应取决于特定的目的和对象。对于会计信息的主要使用者如投资者、债权人、供应商、政府、社会公众等来说，他们对信息需求的侧重点是各不相同的。如政府部门关心的是企业参与市场资源配置、履行社会职责方面的信息。因此，会计主体应重点提供有利于政府制定正确的企业政策、税收政策、宏观经济政策方面的会计信息；公众最关心的是企业对社会的贡献，如提供就业机会的多少、劳动报酬的高低、职业教育培训情况、对公共事业的捐赠、对环境治理的贡献等，因此，会计主体应重点披露履行社会职责等方面的信息。上述内容，有的需要与主要的关联企业如长期供应商、客户、协作企业的信息和主要的竞争对手的信息一起进行分析比较并一起提供给信息使用者，信息使用者才能做出正确的决策；有些信息的形成是企业超越主体范围的空间限制，以社会的角色来筹划生产经营活动的结果，如对下岗职工的安置、增加再就业、对环境治理的贡献等。显然，上述信息的提供，不再单纯是基于会计主体的经济利益，而是在很大程度上根据使用者的经济利益来界定会计主体和包含在财务报表中的信息的界限。美国会计学会的概念与准则研究委员会在 1964 年对企业主体的研究报告中指出，会计主体的范围界限可通过两种方式确定：一是利益相关的个别或整体使用者；二是个别或整体使用者利益的性质。这样，会计主体的空间范围也可以有不同的界定：可以是企业内部的各个环节、各个部门直至整个企业，也可以是几个企业的联合体、关联方，还可以是一个地区甚至一个国家（如社会会计报告的编制）。

第二节 持续经营假设

持续经营假设是指企业在可以预见的将来不会破产清算，按照当前的规模和状态及既定的目标持续不断地经营下去，直到实现企业主体的计划和完成受托责任为止。国际会计准则理事会采纳的《编报财务报表的框架》对持续经营作了这样的界定："财务报表的编制，通常是根据主体是经营中的主体并且在可以预见的将来会持续经营的假定，从而假定主体既不打算也没有必要实行清算或大大缩小经营规模。如果有这种打算或必要，财务报表就可能必须按照不同的基础编制，然而要是那样做的话，就应当说明所采用的基础。"在新修订的《国际会计准则第 1 号——财务报表的列表》时就持续经营作了更详细的界定："在编制财务报表时，管理层应对主体是否仍能持续经营进行评估。除非管理层打算清算该主体，或打算停止经营，或别无选择只能这样做，否则主体应以持续经营为基础编制财务报表。管理层在进行这种评估时，当意识到有关事项或情况的高度不确定因素可能导致对主体是否仍能持续经营产生重大怀疑时，主体应披露这些不确定因素。如果主体不是以持续经营为基础编制财务报表，则应披露这一事实，并披露其编制财务报表的基础和主体不被认为是持续经营的原因。"

对会计主体前途的这种稳定性设想，反映了与主体有利益关系的所有集团的愿望。持续经营假设为会计工作的正常活动做出了时间上的规定，因为只有在这样的前提下，会计主体才能采用历史成本而不是清算价值来确认、计量、报告其资产要素，所有资产也将按照预定的目标在正常的生产经营过程中被耗用、出售，它所承担的债务也将如期偿还，企业提供的财务报表也就被理所当然地看成是一系列连续报告的组成部分。

可见，持续经营假设在会计理论中占据着极其重要的地位，会计核算上所使用的一系列会计处理方法，都是建立在持续经营的前提下的。例如，在持续经营的前提下，才能运用历史成本原则，企业才可以按照正常的情况使用它所拥有的各种经济资源和依照原来的偿还条件来偿还它所负担的各种债务。企业对于它所使用的机器设备、厂房等固定资产，只有在持续经营的前提下，才可以在机器设备的使用年限内，按照其价值和使用情况，确定采用某一折旧方法计提折旧。如没有规定这一前提，例如，在清算的情况下，则不能运用历史成本原则，只能用清算价值来反映会计对象。因此，在持续经营的前提下，企业在会计信息的收集和处理上所使用的会计处理方法才能保持稳定，企业的会计记录和会计报表才能真实可靠。

如果没有持续经营的前提条件，一些公认的会计处理方法将缺乏存在的基础上也将无法被采用，企业也就不能按照正常的会计原则、正常的会计处理方法进行会计核算，不能采用通常的方式提供会计信息。

然而，我们应该看到，持续经营假设得以实现的基本前提是假定会计主体在可能预见的未来不被清算、终止，又假定它将持续到一个不能确定其结束的时间，且在持续经营期内，会计主体会按当前的规模和状况继续经营下去，其经营计划和目标均能实现，不会有大的变化。而事实上这些假设条件具有很大的局限性。具体表现为：

1. 目前会计主体所面临的经济环境发生了明显的变化。在工业时代，企业所面临的经济环境是一个相对稳定的结构（排除政治因素），变化平缓，风险较小，在这种环境下，只要企业在设立时能周密规划，其经营目标一般能够实现，这是持续经营假设很重要的外部环境条件。然而，今天我们已进入了信息技术时代，会计主体面临的是竞争日趋激烈、风险日益增大的经济环境，在这样的风险环境下，企业随时都有被清算、终止的可能。现实中巴林银行的倒闭案就是很好的例证。

2. 如前所述，"无实体公司"的兴起及迅速发展对"持续经营假设"提出了最直接的挑战。"无实体公司"的主要特点是根据业务需要，把许多个体通过网络联结起来，一旦业务完成即告解散。这种公司的外延变化频繁，而且它的负债和现金流量将按需要和效率分割成条块。对于这种"无实体公司"来说，建立在"持续经营假设"基础之上的许多会计处理方法显然不再适合，因为它违背了"持续经营假设"的根本前提——假定会计主体在可能预见的未来不被解散、终止。这就需要构建一种新的会计处理方法来反映"无实体公司"的结构和功能的变化。

3. 现实经济生活中兼并浪潮的迭起，增加了单个会计主体失去持续经营的可能性。在竞争激烈的市场经济中，企业有着强烈的发展扩张欲望，一般运用两种基本方式进行，即通过内部投资新建生产能力和通过兼并寻求企业的重组和扩张。比较而言，兼并往往是企业发展效率较高的方式。其优势主要表现为以下几个方面：一是兼并可有效地降低进入新行业的障碍，大幅度降低企业发展的风险和成本，同时可充分利用被兼并企业的成功经验；二是通过兼并可以实现合理避税的目的，同时由于兼并的预期效应可以使兼并双方的股票价格大幅上扬，使股东财富增加；三是兼并可以不断扩大企业的市场控制能力，可以使企业获得某种形式的垄断，这样，既能带来一定的垄断利润，又能保持较强的竞争优势；四是通过兼并可以实现经验共享和优势互补，从而优化成本结构、降低产品价格、增加收入来源和增强抵御小规模地区性经济疲软的能力。正是由于兼并具有巨大的优越性，成熟的市场经济国家代表——美国在近百年来掀起了多起兼并浪潮，其中 20 世纪 90 年代初发起的第五次浪潮，在兼并的数量、规模、垄断程度上都达到了历史最高水平，单在 1996 年就发生 1 万多起兼并行为。我国目前正处于改革的攻坚阶段，市场机制正发挥着越来越大的作用，很多优势企业通过兼并行为来提高自身对生产要素和资源的占有率，扩大名牌、主导产品的生产配套能力，利用被兼并企业的销售渠道、产品生产能力来扩大投资，提高技术水平，拓展新的领域和业务范围，提高市场占有率和规模经济程度。因此，兼并将成为我国市场机制发育完善过程中企业对外扩张的主要行为方式之一。而兼并则意味着一个会计主体的消失和另一个会计主体的变更或扩充。会计主体假设理论应对越来越多的兼并行为做好实务操作上的准备。

正是由于持续经营假设具有内在的和现实的局限性，西方一些会计学者不赞成把这一假设包括在会计理论的结构之列。例如，斯托尼认为，持续经营假设并不能证明存货按历史成本计价的合理性。不是继续经营惯例而是实现惯例要求存货按成本计价。而澳大利亚会计学家钱伯斯（R. J. Chambers）认为，持续经营不过是把一个企业看作是处于正常清算中的一个连续不断的状态，而不是把它作为已处于被迫清算之中。斯特林也认为持续经营与会计理论结构是不相关的，不能成为假设。以上事实和学者的观点都要求对持续经营假设重新做出科学的解释，使建立在其上的会计方法更具有合理性。当企业一旦获得不能持续经营的证据时，会计处理必须按照清算价值进行。

第三节　会计分期假设

会计分期假设是持续经营假设的逻辑延伸，指将企业持续经营期人为地分割为一个个连续的、长短相同的期间，以便结算账目、确定损益、编制报表、及时提供会计信息。由于持续经营假设已把会计主体当作一个长期存在的经营单位看待，因而信息使用者为了短期决策却经常需要有关企业在某个时期的财务状况、经营成果和现金流量的各种信息。为了满足信息使用者的这种需要，企业应向有关各方提供信息，而不能等到经营活动结束时才去进行结算和编制财务报告，这样，就必须提出会计期间即会计分期假设。会计分期假设认为，凡是能描述一个企业财务状况、经营成果和现金流量的财务报告，就应该予以提供。会计期间分为年度和中期，年度通常是一年，称为"会计年度"。中期是指短于一个完整会计年度的报告期间，如月份、季度、半年度等。我国会计期间的起讫日期为公历日期。

会计期间的划分对会计核算有着重要的影响。由于有了会计期间，才产生了本期与非本期的区别；由于有了本期与非本期的区别，才产生了权责发生制和收付实现制，才使不同类型的会计主体有了记账的基准。采用权责发生制会计后，对于一些收入和费用也要按照权责关系在本期和以后会计期间进行分配，确定其归属的会计期间，为此需要在会计处理上运用预收、预付、应收、应付、预提、摊销等一些特殊的会计方法。

会计期间的划分，使企业连续不断的经营活动被分为若干个较短的会计期间，有利于企业及时结算账目，编制会计报表；有利于及时提供反映企业经营情况的财务信息，能够及时满足企业内部加强经济管理及其他有关方面进行决策的需要。

然而，由于会计分期假设是人为地把持续不断的企业生产经营活动划分为较短的经营期间，为了分清各个期间的经营责任和业绩，在会计处理上就需要运用"应计""递延""分配""待摊""预提"等特殊的程序来处理一些应付费用、预收费用、各种折旧、各种摊销等项目，而这些特殊的会计处理程序，又是建立在一系列的会计假设基础上的，是人为的结果。这必然导致客观经济现实与会计反映结果的背离，是导致很多会计信息失实的制度性原因，是会计分期假设固有的理论上的缺陷。如固定资产折旧，对于当期应分摊多少固定资产损耗价值，会计上无法精确地加以计量。虽然固定资产取得时的价值是客观的、公允的，但固定资产可使用年限（尤其是经济年限）、固定资产的残值在事前是无法准确计量的。即使是在原值、可使用年限、残值已定的情况下，采用不同的折旧方法（直线法、加速折旧法等）确认的当期损益也截然不同。由此可见，要承认会计分期假设是合理的、必要的，就要承认会计处理上某些估计是难免的，而有估计就不可能精确，也就是说，要承认会计分期假设的合理性，就必须承认会计处理的结果——会计信息永远不可能是精确的，这也从另一方面印证了会计信息的真实性只能是相对的，是程序理性的结果。

第四节　货币计量假设

货币计量假设是指会计提供的信息主要以货币（即记账本位币）为计量尺度，会计是一个可运用货币对企业生产经营活动进行计量并把计量结果加以传递的过程。货币计量假设有两个含义：一是在诸多计量单位中假设货币是计量经济活动及其结果的最好单位；二是货币的单位价值是不变的。

货币计量假设可以使各种性质的会计主体（企业）的经济业务按同一标准计量反映，信息可比。企业的生产经营活动具体表现为商品的购销，各种原材料和劳务的耗费等实物运动。由于商品和各种原材料、劳务的耗费在实物上不存在统一的计量单位，无法比较，为了全面完整地反映企业的生产经营活动，会计核算客观上需要一个统一的计量单位作为会计核算的计量尺度。在商品经济条件下，货币是商品的一般等价物，是衡量商品价值的共同尺度，会计核算就必然选择货币作为会计核算上的计量单位。会计核算以货币计量，使会计核算的对象——企业的生产经营活动统一地表现为货币运动，能够全面完整地反映企业的财务状况和经营戎果。

实践证明，上述基本假设对会计系统的正常运行是不可或缺的，如果违反这些基本前提的规定，现代意义上的会计就不能作为科学的信息系统为使用者提供服务。但是，就目前对实践认识的水平而言，人们又无法或不能证明它，因此将其界定为"假设"。"假设"所代表的前提和制约条件具有客观性，但人们却依靠判断来认识它，所以也不能排除基本假设中的主观和相对成分，当前，人们对会计假设所包括的内容看法不一致，缘由就在于此。

货币计量假设有两个主要的限制因素：第一，会计信息应理解为基本上是可按货币定量或带有财务性的，这一假设导致人们把会计定义为"一门关于计量和传递货币性活动的学科"。第二，货币单位自身带有局限性，即它以币值稳定或币值变化甚微或者假定其变化不重要为附加条件。显然，货币计量假设固有的局限性已严重影响了会计学科体系的严密性及会计作为一门重要的计量科学在企业管理中应发挥的作用。

1. 把会计计量局限于货币计量，明显割断了会计计量的发展历史。恩格斯曾经指出："历史从哪里开始，思想过程也应从哪里开始，而思想进程的进一步发展，不过是历史过程抽象的、理论上前后一贯的形式的反映；这种反映是经过修正的，但却是按照现实的历史进程本身的规律修正的。"列宁也曾说过："对于每一事物，都要看它在历史上怎样产生，在发展中经过了哪些主要阶段，并根据它的这种发展去考察这一事物现在是怎样的。"在原始社会时期，我国就出现了最原始的会计计量方式，即"结绳记事""简单刻记"。文字产生后，"会计"一词最早见于我国的西周，据《周礼》记载："凡在书契版陶者之贰，以逆群吏之治，而听其会计。"会计当时是直接用实物量度、劳动时间量度再加上必要的文字说明来计量财物收支情况的。而以货币计量作为会计计量的尺度，则是商品经济发展到一定阶段的产物。我们不能以某一特殊阶段的会计计量尺度来概括会计计量尺度的全部发展历史。

2. 即使在商品经济条件下，把会计计量局限在货币计量，也影响了会计作用的发挥。大家知道，社会财富一旦被赋予商品的属性，就成为使用价值和价值的统一体。而价值管理和使用价值管理的统一性随着管理空间的逐渐变小而愈益明显。例如，第一线的生产工人对其使用的原材料、工具设备等负有直接的管理职能，而这些生产资料本身既有一定的使用价值，又代表着一定量的价值。在这里，价值管理与使用价值管理是直接的统一。同样，对第一线的生产工人进行会计管理，用实物量度比用货币量度更为科学、方便。例如，炼钢厂的吨钢耗电量，在工人那里最直观的反映是电耗的实物——度数，只有把度数乘以电价（货币计量）才是价值量。显然，对炼钢工人来说，最直观的指标是耗电度数，而不是耗用的电费，因为电费还要受到电价的影响。可见，把会计计量局限在货币计量，不但人为割裂了价值与使用价值的紧密关系，也影响了会计作为一门最重要的计量科学在商品经济条件下应发挥的作用。

3. 货币计量假设实际上已把会计定义为"一门关于计量和传递货币性活动的学科"。而把大量的非货币性信息排斥在会计信息系统之外，这在市场经济条件下，尤其是在充满激烈竞争的信息时代，实际上是要强迫会计放弃社会经济信息主要提供者的角色，降低会计信息的作用。会计的现实情况充分说明了这一点。20世纪80年代末以来，美国会计职业界受到来自学术界、国会、政府监管部门以及会计职业界自身的强烈批评，批评的焦点是：企业会计报告没有能够提供有价值的信息，报告未能面向未来，会计信息严重不完整，会计信息正在失去相关性。为此，美国注册会计师协会于1991年4月成立了企业报告特别委员会，并于1994年完成了题为《改进企业报告》的专题报告，该报告规定了企业报告应提供五大类信息：第一类，财务与非财务信息（企业经营业绩信息）。第二类，企业管理部门对财务与非财务信息的分析。第三类，前瞻性信息，其中包括三个信息要素：一是企业面临的机会和风险；二是企业管理部门的计算；三是将实际经营业绩与以前披露的机会和风险进行比较，以及与计划进行比较。第四类，有关股东、管理人员的信息。第五类，背景信息，其中包括三个信息要素：一是企业的广泛目标和战略；二是企业经营业务、企业资产的范围和内容；三是产业结构对企业的影响。从这份研究报表中可以看到，增加了大量的非财务信息，并把财务信息与非财务信息紧密结合起来进行分析；增加了未来信息、前瞻性信息和背景材料，从而保证信息使用者在拥有最充分、最相关的信息基础上做出决策。这份报告发表后，在美国会计界、企业界引起了很大反响，它表明，会计要想巩固已有的地位，必须改进计量手段，扩大会计报告的信息容量，增加非货币性信息，为用户提供全面、综合的会计信息。

4. 货币计量假设为会计新兴分支学科的产生、发展设置了障碍。近几十年来，随着会计学科与其他学科的融合，很多新的会计分支学科，有代表性的如，社会责任会计、人力资源会计、资源环境会计、行为会计、质量会计等。这些新兴会计学分支学科反映和控制的内容已远远超过货币计量所能涉及的范围，而深入到社会责任、企业责任、人的因素、环境资源、产品质量等许多方面。以社会责任会计为例，西方发达国家最为重视社会责任会计的法国于 1977 年以正式法令的形式要求职工人数超过 300 人的企业必须编制社会资产负债表，列示就业人数、工资福利、职工培训、行业关系、职工的住房和交通等有关方面的信息；以后欧共体第 4 号指令中就这一问题向各国提出了统一的基本要求。稍后于欧洲，美国政府和会计职业团体同样也就企业的社会责任提出了许多要求和建议。1976 年《幸福》杂志公布的 500 家企业年度报告中，有 456 家披露了社会责任履行情况的数据。内容涉及环境污染治理、对少数民族的雇佣、职工生活福利、对所在社区的捐献等诸多方面。通过对社会责任会计内容的扼要阐述可以看出，大部分内容是非货币性信息。其他会计分支学科的情况亦大致如此。可见，会计要想拓展自己的学科领域，与其他学科紧密融合，必须完善和拓展货币计量这一假设，把劳动量度、实物量度、质量量度等回归到会计计量体系中来，这样才能为会计在更广阔的领域发挥作用、扫清障碍。

第三章 会计要素与会计等式

第一节 会计对象

一、会计的一般对象

会计对象，是指会计所要核算和监督的内容。会计对象就是会计的客体，是会计以其专门方法作用的特定内容。马克思指出，簿记是对"过程的控制和观念总结"，这里说的"过程，是社会再生产过程中的价值形成过程。在商品经济条件下，价值形成过程表现为资金运动，因此，会计的一般对象是社会扩大再生产过程中的资金运动。通俗地讲资金运动，也可以说是能用货币表现的经济活动，即不分会计主体性质的共同对象或抽象对象。

二、会计的具体对象

（一）制造企业的会计对象

企业为进行生产经营活动，必须拥有一定数量的资金，随着生产经营活动的持续进行就形成了资金运动，有动态和静态两方面的表现。资金运动的动态表现包括资金投入企业的运动、资金在企业内部的循环与周转运动和资金退出企业的运动；资金运动的静态表现为资产同负债和所有者权益在某一时点上的平衡关系。

资金运动可分为资金进入企业、资金在企业内部的循环和周转、资金退出企业。

1. 资金进入企业

企业的资金运动是从资金投入开始的。制造企业为了从事产品生产和销售活动，就必须拥有一定数量的资金，用来建造厂房、购买机器设备、购买原材料、支付职工薪酬和应付经济活动中各项必要支出等，就需要通过筹资活动从企业外部取得一定的资金。投入或取得的这些资金来源主要有两个：一是企业所有者投资，二是从银行及其他金融机构借入。

2. 资金在企业内部的循环和周转

资金投入企业后，伴随着企业生产经营过程的进行，开始其持续不断的运动过程。制造企业的生产经营过程可以分为供应、生产和销售三个主要过程。

在供应过程中，企业购买原材料等劳动对象，发生原材料费用，与供货单位发生资金结算关系，此过程中的资金形态由货币资金转化为储备资金。同时，为了形成劳动手段，也会发生购置厂房和机器设备的活动，会使一部分货币资金转化为固定资金。

在生产过程中，将购进的各种原材料投入生产，劳动者借助劳动手段对劳动对象进行加工生产出产品，其中发生材料的消耗、固定资产的折旧、支付生产工人的劳动报酬等，要发生与职工之间的工资结算关系、与提供劳务单位之间的劳务结算关系等，此过程中的资金形态由储备资金和一部分的货币资金及固定资金转化为生产资金，然后再转化为成品资金。

在销售过程中，企业将生产出来的产品销售出去，实现商品的价值，要收回销货价款，此过程中的资金形态由成品资金转化为货币资金。

经过上述三个过程，资金从货币资金开始，依次顺序转化为储备资金和固定资金、生产资金和成品资金，最后又回到货币资金，这一过程称为资金的循环。周而复始的资金循环，称为资金的周转。在资金循环和周转运动中必然发生各种费用（成本），取得各种收入，收入与费用相抵后，即产生利润或亏损。

3. 资金退出企业

投入企业的资金在生产经营过程中或者一个经营过程结束后，会有一部分资金退出企业的资金循环和周转，游离于企业的资金循环周转之外，例如，上缴税金、归还贷款、偿还其他债务、给投资者分配利润等。制造企业资金运动流程如图3-1所示。

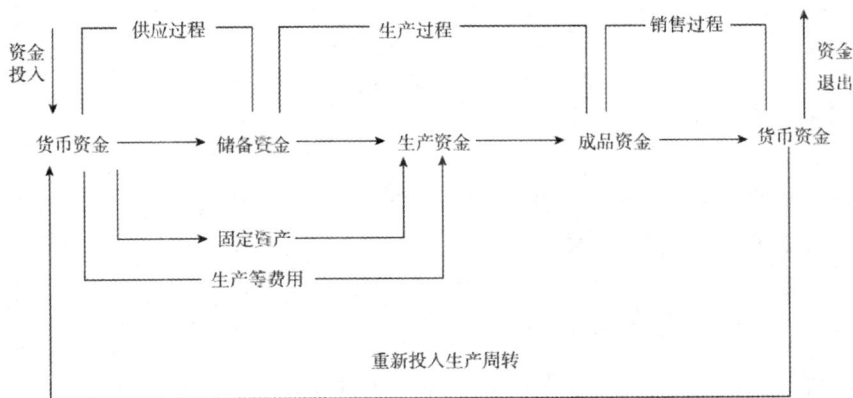

图3-1 制造企业资金运动流程

综上所述，企业资金运动在数量方面的结果涉及资产、负债、所有者权益、收入、费用和利润的增减变动。这六项内容在会计上称为"会计要素"，具体内容将在本章第二节中讲解。

（二）商品流通企业的会计对象

商品流通企业是专门从事组织商品流通的经济实体，担负着社会商品交换的任务，也是再生产过程的重要环节。商品流通企业的资金运动与制造企业相比有所不同，一般只有供应和销售两个过程。在供应过程中，资金运动表现为从货币资金形态转化为商品资金形态，主要的经济业务有商品的采购、货款的结算和采购费用的支付等。在销售过程中，资金运动表现为由商品资金形态转化为货币资金形态，主要的经济业务有商品销售款的结算、销售费用及工资的支付等。如此不断地循环和周转就构成了商品流通企业的资金运动。此外，商品流通企业的资金运动也包括资金的投入、退出、耗费和收回等增减变化。所以，商品流通企业的会计对象就是商品流通企业的资金运动，即商品流通企业的资金投入、资金在企业内部的循环和周转，以及资金退出企业。

（三）行政事业单位的会计对象

行政事业单位为了完成行政任务和事业计划，也需要拥有一定数量的资金。这些资金主要是列入财政预算，由国家拨给并按批准的预算来支用，一般称为预算资金。行政事业单位的财务活动主要是资金的收支活动及结存，它构成预算资金运动。预算资金的运动形式为：资金拨入 - 资金支付 = 资金结余。因为行政事业单位是政府和国有非营利组织，追求社会效益，不追求自身利益最大化，所以，它们的资金运动形式是直线运动，而企业的资金运动形式是环形运动。

综上所述，无论是制造企业、商品流通企业还是行政事业单位，它们都是国民经济的基层单位，各自执行着不同的职能，各自有自己资金运动的特点，但会计对其核算和监督的内容都是资金运动。

第二节　会计要素

会计要素也称财务报告要素，是指为了实现会计目标，根据交易或事项的经济特征，对会计对象所做的基本分类，是设置账户、会计确认、会计计量和记录的基础。

我国《企业会计准则——基本准则》将会计要素分为资产、负债、所有者权益、收入、费用和利润。这六个会计要素又可以划分为两类，即反映企业财务状况的会计要素和反映企业经营成果的会计要素。财务状况是指企业一定日期的资产及权益情况，是资金运动相对静止时的表现。经营成果是企业在一定时期内从事生产经营活动所取得的最终成果，是资金运动显著变动状态的主要体现。反映财务状况的会计要素包括资产、负债和所有者权益，反映经营成果的会计要素包括收入、费用和利润。

一、资产

（一）资产的定义和特征

资产是指过去的交易或事项形成的、由企业拥有或控制的、预期会给企业带来经济利益的资源。资产具有以下特征。

1.资产是企业过去的交易或事项形成的。企业的资产必须是现实的而不是预期的资产，是企业过去已经发生的交易或者事项所产生的结果，包括购买、生产、建造行为或其他交易和事项。企业未来发生的交易或事项不形成资产。如企业已经购买的财产物资会形成资产，企业计划购买的财产物资不会形成企业的资产。

2.资产是企业拥有或者控制的资源。资产应当由企业拥有或者控制，具体是指企业享有某项资源的所有权，或者虽然不享有某项资产的所有权，但该资源能被企业控制，如企业拥有的货币资金、材料、机器设备、厂房等。对于融资租入的固定资产，虽然企业并不拥有其所有权，但按租赁合同规定，企业租期接近于资产寿命，因此，企业实际控制了该项资产并享有其所能带来的经济利益，所以融资租入的固定资产也应按照资产确认。这里的资源是指企业经营中的有用性。

3.资产预期会给企业带来经济利益。经济利益是指直接或者间接导致现金和现金等价物流入企业的潜力。资产预期对企业经济利益的影响可以体现在企业日常的生产经营活动中，也可以体现在非日常的生产经营活动中，如产品或材料的出售、以资产抵偿债务、以资产交换其他资产等。简单地说，资产应能够为企业赚取利润服务。如果预期不能给企业带来经济利益，就不能确认为是企业的资产。如已经报废的产品，尽管实物上存在，但是其不能给企业带来经济利益，不应以资产确认，而应确认为损失。

（二）资产的确认条件

将一项资源确认为资产，需要符合资产的定义，还应同时满足以下两个条件。

1.与该资源有关的经济利益很可能流入企业。由资产的定义可以看到，能否带来经济利益是资产的一个重要特征，但现实中，经济环境瞬息万变，与资源有关的经济利益能否流入企业或者能够流入多少具有不确定性。因此，只能将与该资源有关、经济利益很可能流入企业的资源作为资产予以确认；反之，不能确认为资产。例如，企业赊销一批产品给客户便形成了对该客户的应收账款，由于收款产生在未来期间，因此带有一定的不确定性，如果企业在销售时判断未来很可能收到款项，则应当将该应收账款确认为一项资产；如果企业判断未来很可能部分或全部无法收回，则该部分或全部应收账款已不符合资产确认条件，应计提坏账准备，部分或全部减少资产的价值。

2.该资源的成本或价值能够可靠计量。这里的计量指的是货币计量，是由会计以货币为主要计量单位这一本质特点决定的。货币的可计量性是所有会计要素确认的重要前提。

只有当有关资源的成本或价值能够可靠地计量时，资产才能予以确认。例如，企业购买或者生产的存货、购置的厂房或者设备等。但是，当有些资源不能可靠计量时，则不应确认为企业的资产，如清新的空气等。

（三）资产的构成

资产按流动性可分为流动资产和非流动资产。

1. 流动资产。流动资产是指可以在一年或者超过一年的一个营业周期内变现或者耗用的资产，主要包括货币资金、以公允价值计量且其变动计入当期损益的金融资产、应收及预付款项、存货等。变现，是指转化为现金（货币资金），如收回应收账款等；耗用，是指在生产经营过程中的消耗使用，如原材料被生产产品耗用等。

货币资金是指在企业生产经营过程中处于货币形态的那部分资金，按其形态和用途不同可分为库存现金、银行存款和其他货币资金。库存现金和银行存款是企业中最活跃的资金，流动性强，是企业的重要支付手段和流通手段，因而是流动资产的审查重点。其他货币资金包括外埠存款、银行汇票存款、银行本票存款、信用保证金存款、信用卡存款、存出投资款等。

以公允价值计量且其变动计入当期损益的金融资产是指企业为了近期内出售而持有的金融资产，如以赚取差价为目的从二级市场购买的股票、债券、基金等。

应收及预付款项是指企业在日常生产经营过程中发生的各项债权，包括应收账款和预付账款等。应收款项是企业在销售商品、产品或提供劳务以及一些购销活动中形成的债权（包括应收账款、应收票据、其他应收款）；预付账款是企业在购货过程中因预付给供应单位款项而形成的债权。

存货是指企业在日常活动中持有以备出售的产成品或商品，处在生产过程中的产品，在生产过程或提供劳务过程中耗用的材料、物料等。存货区别于固定资产的最基本特征是，企业持有存货的最终目的是出售，不论是可供直接销售，如企业的产成品、商品等，还是需要经过进一步加工后才能出售，如原材料等。

2. 非流动资产。非流动资产是指不能在一年或者超过一年的一个营业周期变现或者耗用的资产，主要包括长期应收款、长期股权投资、在建工程、投资性房地产、固定资产、无形资产等。

长期应收款，是指企业在融资活动中产生的长期债权，包括融资租赁产生的应收款项、采用递延方式具有融资性质的销售商品和提供劳务等产生的应收款项等。

长期股权投资，是指企业投出的期限在一年以上（不含一年）的各种股权性质的投资，包括购入的股票和其他股权投资等。长期股权投资通常为长期持有，不准备随时出售。投资企业作为被投资单位的股东，按所持有股份比例享有权益并承担责任。

在建工程，是指企业为进行固定资产购建、安装、技术改造以及大修理等工程而发生的全部支出。

投资性房地产，是指企业为赚取租金或资本增值，或者两者兼有而持有的房地产，包括已出租的建筑物、已出租的土地使用权和持有并准备增值后转让的土地使用权。

固定资产，是指企业为生产产品、提供劳务、出租或经营管理而持有的，使用年限超过一个会计年度的房屋、建筑物、机器、机械、运输工具以及其他与生产、经营有关的设备、工具等。

无形资产，是指企业拥有或控制的没有实物形态的可辨认非货币性资产，包括专利权、商标权、著作权、非专利技术、土地使用权等。

按照有无实物形态将资产分为有形态的资产和无形态的资产。有形态的资产包括原材料、周转材料、库存商品、固定资产等。无形态的资产包括无形资产和债权，无形资产如上述，债权包括应收账款、应收利息等。

二、负债

（一）负债的定义和特征

负债是指企业过去的交易或者事项形成的、预期会导致经济利益流出企业的现时义务。它具有如下特征。

1. 负债是由过去的交易或事项形成的。只有过去的交易或者事项才形成负债，企业将在未来发生的承诺、签订的合同等交易或者事项，不形成负债。

2. 负债是企业承担的现时经济义务。现时义务是指企业在现行条件下已承担的义务，由过去的交易或事项形成。未来发生的交易或者事项形成的义务不属于现时义务，不能确认为负债。例如，企业以赊购方式购买了一批产品，随着购买行为的发生，企业也产生了负债；如果这项赊购业务只是在计划中，并未发生，则不形成负债。这里所指的义务可以是法定义务，也可以是推定义务。

3. 负债预期会导致经济利益流出企业。只有企业在履行义务时会导致经济利益流出企业，才符合负债的定义。在履行现时义务清偿负债时，导致经济利益流出企业的形式多种多样。例如，用现金偿还或以实物资产形式偿还；以提供劳务偿还；以部分转移资产、部分提供劳务的形式偿还；将负债转为资本等。

（二）负债的确认条件

一项现时义务被确认为负债，需要符合负债的定义，还需要同时满足以下两个条件。

1. 与该义务有关的经济利益很可能流出企业。在实务中，履行义务所需流出的经济利益带有不确定性，因此，负债的确认应当与对经济利益流出的不确定性程度判断相结合。如果有确凿证据表明，与现时义务有关的经济利益很可能流出企业，就应当将其作为负债予以确认；如果企业承担了现时义务，但会导致企业经济利益流出的可能性很小，就不符合负债的确认条件，不应将其作为负债予以确认。

2. 未来流出的经济利益金额能够可靠地计量。负债确认在考虑经济利益流出企业的同时，也应当考虑其金额能够可靠计量。对于与法定义务有关的经济利益流出金额，通常可以根据合同或者法律规定的金额确定，考虑到经济利益流出的金额通常在未来期间，有时未来期间较长，有关金额的计量需要考虑货币时间价值等因素的影响。对于与推定义务有关的经济利益流出金额，企业应当根据履行相关义务所需支出的最佳估计数进行估计，并综合考虑货币时间价值、风险等因素的影响。

（三）负债的构成

负债按流动性可分为流动负债和非流动负债。

1. 流动负债。流动负债是指在一年或一个营业周期内清偿的债务，或者企业无权自主地将清偿日期推迟至资产负债表日后一年以上的负债。流动负债主要包括短期借款、应付票据、应付及预收款、应付职工薪酬、应交税费、应付股利等。

短期借款，是指企业从银行或其他金融机构等借入的期限在一年以下（含一年）的各种借款。

应付及预收款，是指企业在日常生产经营过程中发生的各项债务，包括应付票据、应付账款、其他应付款和预收账款等。应付票据是指企业购买材料、商品和接受劳务供应等开出、承兑的商业汇票，包括银行承兑汇票和商业承兑汇票；应付账款是指企业因购买材料、商品和接受劳务供应等经营活动应支付的款项；其他应付款是指企业除应付票据、应付账款等以外的各项应付、暂收的款项；预收账款是指企业按照合同规定预收的款项。

应付职工薪酬，是指企业根据有关规定应付给职工的各项薪酬。职工薪酬是企业为获得职工提供的服务而给予的各种形式报酬以及其他相关支出，包括职工工资、奖金、津贴和补助、职工福利费、社会保险费、住房公积金、工会经费、职工教育经费和非货币性福利等。

应交税费，是指企业按照税法等规定计算的应向国家交纳的各种税费，包括增值税、消费税、所得税、资源税、土地增值税、房产税、土地使用税、车船税、城市维护建设税、教育费附加及矿产资源补偿费等。

应付股利，是指企业分配的应付的现金股利或利润。

2. 非流动负债。非流动负债是指偿还期限在一年或者超过一年的营业周期以上的负债，包括长期借款、应付债券、长期应付款等。

长期借款，是指企业向银行或其他金融机构借入的期限在一年以上（不含一年）的各项借款。

应付债券，是指企业为筹集长期资金而发行的债券本金和应付的利息。

长期应付款，是指企业除长期借款、应付债券以外的其他各种长期应付款项，包括应付融资租入固定资产的租赁费、以分期付款方式购入固定资产等发生的应付款项等。

三、所有者权益

（一）所有者权益的定义和特征

所有者权益是指企业资产扣除负债后由所有者享有的剩余权益。公司的所有者权益又称为股东权益。其主要特征如下。

1. 所有者投资所形成的资产可供企业长期使用，其出资额依法登记后，不得抽回。

2. 企业清算时，只有在清偿所有的负债后，所有者权益才能返还给所有者。

3. 所有者以其出资额享有获取企业利润的权益，同时承担企业的经营风险。

由以上特征可以得出所有者权益和负债的区别如下。

第一，负债是企业对债权人所承担的经济责任，企业负有偿还的义务；而所有者权益是企业对投资人所承担的经济责任，在一般情况下不需要归还投资者。

第二，在企业清算时，负债拥有优先求偿权，即企业的资产只有在清偿所有的负债后才返还给投资者。在偿还顺序上，负债具有优先权，所有者权益是剩余权。

第三，债权人只享有按期收回利息和债务本金的权利，而无权参与企业的利润分配和经营管理；投资者则既可以参与企业的利润分配，也可以参与企业的经营管理。

（二）所有者权益的确认条件

所有者权益体现的是所有者在企业中的剩余权益，因此，所有者权益的确认主要依赖于其他会计要素的确认，尤其是资产和负债；所有者权益金额的确定也主要取决于资产和负债的计量。例如，企业接受投资者投入的资产，在该资产符合企业资产确认条件时，就相应地符合了所有者权益的确认条件；当该资产的价值能够可靠计量时，所有者权益的金额也就可以确定了。

（三）所有者权益的构成

所有者权益的来源包括所有者投入的资本、直接计入所有者权益的利得和损失（其他综合收益）、留存收益等，通常由实收资本（或股本）、资本公积（含股本溢价或资本溢价、其他资本公积）、盈余公积和未分配利润构成。

1. 实收资本。实收资本是所有者在企业注册资本的范围内实际投入企业的资本。在股份有限公司，投入资本表现为实际发行股票的面值，称为股本。投入过程中产生的资本（股本）溢价，称为资本公积。

2. 资本公积。资本公积是指不应计入当期损益的、会导致所有者权益增减变动的、与所有者投入资本或者向所有者分配利益无关的利得和损失。利得是指由企业非日常活动所形成的、会导致所有者权益增加的、与所有者投入资本无关的经济利益的流入。损失是指由企业非日常活动发生的、会导致所有者权益减少的、与所有者分配利润无关的经济利益的流出。

3. 其他综合收益。其他综合收益是指企业根据其他会计准则规定未在当期损益中确认的各项利得和损失，包括以后会计期间不能重分类进损益的其他综合收益和以后会计期间满足规定条件时将重分类进损益的其他综合收益两类。

4. 留存收益。留存收益是指企业历年实现的净利润留存于企业的部分，主要包括累计计提的盈余公积和未分配利润。盈余公积是指企业按照国家有关规定从税后利润中提取的公积金，包括法定盈余公积和任意盈余公积。未分配利润是指税后利润经提取公积金、向所有者分配利润后、可留待以后年度进行分配的剩余利润。

四、收入

（一）收入的定义和特征

收入是指企业在日常活动中形成的、会导致所有者权益增加的、与所有者投入资本无关的经济利益总流入。收入具有以下特征。

1. 收入是企业在日常活动中形成的。日常活动是指企业为完成其经营目标所从事的经常性活动以及与之相关的活动。例如，工业企业制造并销售产品、商业企业销售商品、咨询公司提供咨询服务等，均属于企业的日常活动。明确界定日常活动是为了将收入与利得相区分，因为企业非日常活动所形成的经济利益的流入不能确认为收入，而应当计入利得。

2. 收入是与所有者投入资本无关的经济利益总流入。收入应当会导致经济利益的流入，从而导致资产的增加。例如，企业销售商品，应当收到现金或者在未来有权收到现金，才表明该交易符合收入的定义。但在实务中，经济利益的流入有时是由所有者投入资本的增加所导致的，如所有者投入的资本，应当直接确认为所有者权益，而不确认为收入。

3. 收入会导致所有者权益的增加。收入导致经济利益的流入表现为资产的增加或者负债的减少，或者二者兼而有之。根据"资产＝负债＋所有者权益"的会计等式，收入一定会增加企业的所有者权益。例如，企业销售商品产生的收入会增加银行存款或应收账款等资产，也可能同时减少预收账款等负债。

（二）收入的确认条件

当企业与客户之间的合同同时满足下列条件时，企业应当在客户取得相关商品控制权时确认收入：①合同各方已批准该合同并承诺将履行各自义务；②该合同明确了合同各方与所转让商品或提供劳务相关的权利和义务；③该合同有明确的与所转让商品或所提供劳务相关的支付条款；④该合同具有商业实质，即履行该合同将改变企业未来现金流量的风险、时间分布或金额；⑤企业因向客户转让商品或提供劳务而有权取得的对价很可能收回。

（三）收入的构成

1. 收入按企业从事日常活动性质不同，可分为销售商品收入、提供劳务收入、让渡资产使用权收入等。

2. 收入按企业经营业务的主次，可分为主营业务收入、其他业务收入和投资收益等。

主营业务收入，是指企业为完成其经营目标所从事的经常性活动所实现的收入，如制造企业销售产品实现的收入。

其他业务收入，是指企业为完成其经营目标所从事的与经常性活动相关的活动而实现的收入，如制造企业销售原材料、转让无形资产使用权、对外出租固定资产等活动所实现的收入。

投资收益是对外投资所取得的利润、股利和债券利息等收入减去投资损失后的净收益。

应当注意的是，上述这些收入是企业在日常经营活动中形成的收入，是狭义的收入。广义的收入包含狭义的收入和直接计入当期损益的利得。利得是指企业在非日常活动中形成、会导致所有者权益增加、与所有者投入资本无关、应计入当期损益的经济利益的流入，即营业外收入。它主要包括固定资产的盘盈、处置固定资产及无形资产净收益和罚款收入等。之后本书不说明广义的收入和狭义的收入，统指狭义的收入。

五、费用

（一）费用的定义和特征

费用是指企业在日常活动中发生的、会导致所有者权益减少的、与向所有者分配利润无关的经济利益总流出。费用具有以下特征。

1. 费用是企业在日常活动中形成的经济利益的流出。费用是在企业销售商品、提供劳务等日常活动中发生的，如销售成本、职工薪酬、折旧费用等。将费用界定为日常活动所形成的，是为了将其与损失相区分，企业非日常活动所形成的经济利益的流出不能确认为费用，而应当计入损失。

2. 费用会导致所有者权益的减少。费用导致经济利益的流出表现为资产的减少或者负债的增加，或者二者兼而有之。根据"资产＝负债＋所有者权益"的会计等式，费用一定会减少企业的所有者权益。不会导致所有者权益减少的经济利益流出不应确认为费用，如向银行归还借款。在理解费用会导致所有者权益的减少时，同样不能与对应的收入相联系。

3. 费用是与向所有者分配利润无关的经济利益的总流出。向所有者分配利润，尽管也减少了资产，流出了经济利益，但不是因为费用的增加而减少的，所以要排除向所有者分配利润这种经济利益的流出。因此，费用可以理解为企业在生产经营过程中为了实现收入而发生的各项消耗。

（二）费用的确认条件

费用的确认除了应当符合定义外，还应当满足严格的条件，即费用只有在经济利益很可能流出从而导致企业资产减少或者负债增加且经济利益的流出额能够可靠计量时才能予以确认。因此，费用的确认除了应当符合定义外，还应当符合以下条件。

1. 与费用相关的经济利益应当很可能流出企业。

2. 经济利益的流出额能够可靠计量。

（三）费用的构成

费用按照与收入的关系，可以分为生产经营成本和期间费用等。生产经营成本是指与收入有配比关系的耗费，是为取得收入而必须付出的代价，其价值从实现的收入中直接获得补偿，如主营业务成本、其他业务成本和税收及附加。期间费用是指与收入没有直接关系的耗费，不计入产品成本，而应由本会计期间负担计入当期损益的费用。

1. 主营业务成本是指已销售商品、提供劳务的成本，包括为生产该商品或劳务所发生的直接费用和间接费用。直接费用包括直接材料、直接人工；间接费用是生产部门为组织和管理生产而发生的费用，如制造费用。

2. 其他业务成本是指企业主营业务以外的其他业务活动所发生的支出，如销售材料的成本。

3. 税金及附加是指企业在生产经营过程中产生的消费税、城市维护建设税和教育费附加等。

4. 期间费用包括管理费用、财务费用和销售费用。

管理费用是指为组织和管理企业生产经营所发生的费用，包括企业在筹建期间发生的开办费、董事会和行政管理部门在企业的经营管理中发生的或者应由企业统一负担的公司经费（包括行政管理部门职工工资及福利费、物料消耗、低值易耗品摊销、办公费和差旅费等）、工会经费、董事会费（包括董事会成员津贴、会议费和差旅费等）、中介机构聘请费、咨询费（含顾问费）、诉讼费、业务招待费、技术转让费、矿产资源补偿费、研究费用、排污费等。

财务费用是指企业为筹集生产经营所需资金等而发生的筹资费用，包括利息支出（减利息收入）、汇兑损益以及相关的手续费、企业发生的现金折扣或收到的现金折扣等。

销售费用是指企业为销售商品和材料、提供劳务的过程中发生的各种费用，包括保险费、包装费、展览费和广告费、商品维修费、预计产品质量保证损失、运输费、装卸费等，以及为销售本企业商品而专设的销售机构（含销售网点、售后服务网点等）的职工薪酬、业务费、折旧费等。

应当注意的是，上述这些费用是企业在日常经营活动中形成的费用，是狭义的费用。广义的费用包括狭义的费用和计入当期损益的损失。损失是指由企业在非日常活动中形成、会导致所有者权益减少、与所有者分配利润无关、应计入当期损益的经济利益的流出，即营业外支出。它主要包括非流动性资产处置损失、非货币性资产交换损失、债务重组损失、公益性捐赠支出、非常损失和盘亏损失等。之后，本书不说明广义的费用和狭义的费用，统指狭义的费用。

六、利润

（一）利润的定义和特征

利润是指企业在一定会计期间的经营成果，即企业在一定生产经营期间的全部收入减去全部费用的结果（若是负数，则是亏损）。利润包括收入减去费用后的净额、直接计入当期利润的利得和损失等。其中，直接计入当期利润的利得和损失，是指应当计入当期损益、会导致所有者权益发生增减变动、与所有者投入资本或向所有者分配利润无关的利得和损失。利润具有如下特征。

1.利润是收入和费月相抵后的差额，以及直接计入当期损益的利得和损失。

2.利润的实现表现为资产的增加或负债的减少，并最终导致所有者权益的变动。

（二）利润的确认条件

利润反映的是收入减去费用、利得减去损失后的净额的概念。因此，利润的确认主要依赖于收入和费用及利得和损失的确认，其金额的确定也主要取决于收入、费月、利得和损失金额的计量。

（三）利润的构成

利润按配比方法和形成原因的不同可分为营业利润、利润总额和净利润，用公式表示为：

营业利润 = 营业收入 - 营业成本 - 税金及附加 - 销售费用 - 管理费用 - 财务费用 - 研发费用 - 资产减值损失 - 信用减值损失 ± 投资收益（损失）± 公允价值变动收益（损失）± 资产处置收益（损失）

利润总额 = 营业利润 + 营业外收入 - 营业外支出

净利润 = 利润总额 - 所得税费用

利润的构成如图 3-2 所示

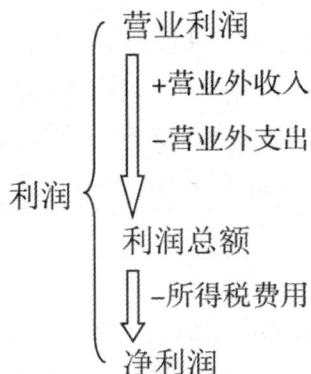

图 3-2　利润的构成

第三节　会计等式

一、会计等式的意义

会计等式也称为会计方程式或会计平衡公式，是表明各会计要素之间基本数量关系的恒等式，反映了资金运动所引起的会计要素增减变化以及它们之间的内在经济联系和平衡关系。

会计等式在会计核算中具有重要意义，它表明了各会计要素之间的货币数量平衡相等关系，企业发生的任何经济业务都不会破坏会计等式的平衡。因此，它是按照会计要素设置会计科目和账户、划分经济业务类型、复式记账和设计会计报表的理论基础。正确理解和掌握会计等式，对于会计理论学习和会计工作实务都有非常重要的现实意义。

二、会计等式的形式

会计对象按经济特征划分为资产、负债、所有者权益的静态要素和收入、费用、利润的动态要素两个方面，且静态要素和动态要素之间存在着紧密联系。因此，反映会计要素之间平衡关系的会计等式的形式分为静态会计等式、动态会计等式和综合会计等式。

（一）静态会计等式

企业从事生产经营活动，必须拥有或控制一定的经济资源，如劳动资料和劳动对象等，这些经济资源在会计中统称为资产。企业的资产有两个来源：一是企业投资者投入的，二是企业向债权人借入的。企业投资者向企业投入资本，与企业共担风险、共享收益，对投入的资产拥有要求权，这种要求权在会计上称为所有者权益。企业债权人将资本借给企业，供企业有偿使用，债权人对借出的资产拥有索偿权，这种索偿权是债权人的权益，在会计上称为负债。因此，一个企业成立之初，其资产来源无非为两个，一是所有者投入的资产，二是向债权人借入的资产。所有者投入的资产从来源和所有者拥有的权益上看叫所有者权益，向债权人借入的资产从企业需要偿还的义务上看叫负债，且资产的货币量等于负债加所有者权益的货币量。综上所述，企业资产与负债、所有者权益之间存在如下货币等量关系。

资产 = 负债 + 所有者权益

从上述等式可以看出，资产会随着负债、所有者权益的增减而呈正比例变化，即资产随着负债、所有者权益的增加而增加，随着负债、所有者权益的减少而减少。该等式反映了企业的资产同其来源的负债和所有者权益，不但在期初，而且在任何时点上都会保持平衡相等关系。时点数表现了资产、负债和所有者权益的静态特点，因此该等式称为静态会计等式。资产、负债和所有者权益是企业经营活动应具备的基本要素，故该等式也称为最基本的会计等式；同时，该等式也构成了复式记账法和编制资产负债表的理论基础。

（二）动态会计等式

企业为获得利润，就要将其资产投入生产经营中去，制造满足市场需求的产品。在生产经营活动中，资产不断改变自身的形态。企业在生产经营活动中，一方面要销售商品或提供劳务，取得收入；另一方面又要消耗各种资产，发生费用。收入大于费用的差额为利润；反之，则为亏损。在实际工作中，由于收入不包括处置固定资产净收益、固定资产盘盈和出售无形资产净收益等利得，费用中也不包括处置固定资产净损失、自然灾害损失等，因此，收入减去费用要经过利得和损失的调整才能等于利润。收入、费用和利润三要素之间的货币量关系可以用公式表示为：

收入 - 费用 = 利润

这一等式反映了企业某一时期收入、费用和利润的恒等关系，表明了企业在某一会计期间所取得的经营成果，是动态要素之间的会计等式，也是编制利润表的理论依据。

（三）综合会计等式

利润的取得，一方面表现为收入减去费用的差额；另一方面表现为资产的增加或负债的减少，是企业所有者可供分配的经营成果。利润在向所有者分配之前，仍然在企业循环周转着，属于所有者权益的未分配利润部分。当企业实现盈利时，表明所有者权益的未分配利润部分增加；当企业发生亏损时，则表明所有者权益的未分配利润部分减少。因此，企业在会计期间内生产经营过程中的任一时点上，又可将会计等式加起来，表现为如下形式。

资产 = 负债 + 所有者权益 +（收入 - 费用）

= 负债 + 所有者权益 + 利润

或者：

资产 + 费用 = 负债 + 所有者权益 + 收入

综合会计等式集中反映了会计主体的财务状况和经营成果之间的相互联系。应当指出的是，综合会计等式是企业在会计期间内任一时点上的等量关系，是企业不断开展生产经营活动，产生了收入和费用后形成的财务状况与经营成果的综合反映。

从上式中可以看出，由于收入与费用的发生，资产与负债的数量也较期初发生了变化。到会计期末，经过收入、费用同时向利润结转，二者相互抵消不复存在，实现的税后净利润按照利润分配的规定与顺序进行分配后，一部分分配给投资者，退出企业，另一部分形成企业留存收益，归入"所有者权益"项目。所以，在会计期末，会计等式又重新表现为原会计等式的状况，即：

资产＝负债＋所有者权益

由此表明，在企业持续经营期间的任何时点上，资产与负债和所有者权益在数量上总是保持平衡相等关系。因此，"资产＝负债＋所有者权益。称为会计恒等式。

三、经济业务对会计等式的影响

企业在生产经营过程中，每天都会发生各种不同的经济业务，从而引起各会计要素的增减变动。但无论经济业务如何变化，都不会破坏"资产＝负债＋所有者权益"。这一恒等关系。经济业务的种类多种多样，但经济业务发生后，从引起各项资产、负债和所有者权益增减变动的情况来看，共有以下四种类型、九种情况。

（一）引起会计等式两边会计要素项目同时等额增加的经济业务

1. 引起资产项目和负债项目同时等额增加

2. 引起资产项目和所有者权益项目同时等额增加

（二）引起会计等式两边会计要素项目同时等额减少的经济业务

1. 引起资产项目和负债项目同时等额减少

2. 引起资产项目和所有者权益项目同时等额减少

（三）引起会计等式左边会计要素项目此增彼减相同金额的经济业务

经济业务的发生，引起资产要素内部一个项目增加、一个项目减少，增减金额相等。

（四）引起会计等式右边会计要素项目此增彼减相同金额的经济业务

1. 引起负债要素内部各项目此增彼减，增减金额相等

2. 引起所有者权益要素内部各项目此增彼减，增减金额相等

3. 引起负债项目增加，所有者权益项目减少，增减金额相等

4. 引起所有者权益项目增加，负债项目减少，增减金额相等

不论企业发生哪种经济业务，都不会改变会计恒等式左右两方的恒等关系。然而，有限的实例并不能充分证明会计等式的恒等性，但穷举又不可能也无必要。其实，我们也可以按照综合会计等式"资产＋费用＝负债＋所有者权益＋收入"。来举例说明，如资产与费用之间此增彼减，增减金额相等，等式左边总额不变，等式双方仍保持平衡关系；资产与收入同时增加，增加金额相等，等式双方仍保持平衡关系；期末收入结转本年利润，收入减少，所有者权益的本年利润增加，增减金额相等，等式右边总额不变，等式双方仍保持平衡关系；期末费用结转本年利润，费用减少，所有者权益的本年利润减少，等式双方仍保持平衡关系。因此我们可以说，尽管经济业务多种多样，但都可归纳为上述四种业务类型，每一种业务类型都不改变会计等式的平衡关系。经济业务的四种类型如图 3-3 所示。

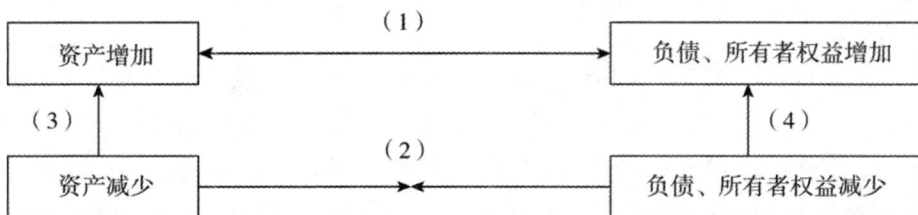

图3-3 经济业务类型划分

从图3-3可以看出：会计恒等式左右两边反映的是同一事物的不同方面，所以在货币量上恒等；任何经济业务的发生都不是孤立的，它至少要引起两个或两个以上会计要素具体项目的变化，但这种变化都不会改变会计等式的恒等性。

第四节 会计要素的计量

一、会计要素计量单位及属性

会计计量，是指将企业符合确认条件的会计要素登记入账并列报于财务报表（会计报表及其附注）而确定其金额的过程。一般来说，会计计量主要由计量单位和计量属性两方面构成。

（一）会计计量单位

计量单位，是计量尺度的量度单位。正如在会计假设中所阐述的那样，会计应坚持货币计量假设，以货币作为主要计量单位。但货币的本质是充当一般等价物的商品，其本身也有价值，而且其价值也在不断变动。因此，计量单位至少存在两种形式：一是名义货币单位，二是不变货币单位（一般购买力单位）。会计计量通常使用的是名义货币单位，即以币值稳定为基本假设。但如果通货膨胀率居高不下，无视购买力的变化就会严重扭曲会计信息，解决问题的办法就是使用物价变动会计。

（二）会计计量属性

计量属性也称计量基础，是可以计量的特征或外在表现形式。它是区分不同计价模式的重要标志。

1.会计计量属性的种类

《企业会计准则——基本准则》第四十二条规定，会计计量属性主要包括历史成本、重置成本、可变现净值、现值和公允价值。

（1）历史成本

历史成本也称实际成本，是指企业在取得或制造某项财产物资时所实际支付的现金或者现金等价物。在历史成本计量下，资产按照购置时支付的现金或者现金等价物的金额，或者按照购置资产时所付出的代价的公允价值计量。负债按照其因承担现时义务而实际收到的款项或者资产的金额，或者承担现时义务的合同金额，或者日常活动中为偿还负债预期需要支付的现金或者现金等价物的金额计量。

（2）重置成本

重置成本也称现行成本，是指在当前市场条件下，重新取得同样一项资产所需支付的现金或现金等价物。在重置成本计量下，资产按照现在购买相同或者相似资产所需支付的现金或者现金等价物的金额计量；负债按照现在偿付该项债务所需支付的现金或者现金等价物的金额计量。

（3）可变现净值

可变现净值，是指在正常生产经营活动中，以预计售价减去进一步加工成本和销售所必需的预计税金、费用后的净值。在可变现净值计量下，资产按照其正常对外销售所能收到的现金或者现金等价物的金额扣减该资产至完工时估计将要发生的成本、估计的销售费用以及相关税金后的金额计量。

（4）现值

现值，是对未来现金流量以恰当的折现率进行折现后的价值，是考虑货币时间价值因素等的一种计量属性。在现值计量下，资产按照预计从其持续使用和最终处置中所产生的未来净现金流入量的折现金额计量；负债按照预计期限内需要偿还的未来净现金流出量的折现金额计量。

（5）公允价值

公允价值，是指在公平交易中，熟悉情况的交易双方自愿进行资产交换或者债务清偿的金额。在公允价值计量下，资产和负债按照市场参与者在计量日发生的有序交易中，出售资产所能收到或者转移负债所需支付的价格计量。

2. 会计计量属性的选择

《企业会计准则——基本准则》第四十三条规定："企业在对会计要素进行计量时，一般应当采用历史成本，采用重置成本、可变现净值、现值、公允价值计量的，应当保证所确定的会计要素金额能够取得并可靠计量"这是对会计计量属性选择的一种限定性条件。

二、会计要素确认与计量要求

对会计要素不但要进行确认与计量，而且要在确认与计量过程中遵循以下要求或者原则：权责发生制原则、划分收益性支出与资本性支出原则、收入与费用配比原则和历史成本计量原则。

（一）权责发生制原则

权责发生制又称应收应付制，指凡是本期已经实现的收入和已经发生或应当负担的费用，不论款项是否收付，都应当作为本期的收入和费用处理；凡是不属于本期的收入和费用，即使款项已经在本期收付，也不应当作为本期的收入和费用。由上可知，实行权责发生制，必须辨明收入和费用的归属期和收支期间。收入的归属期，是指应当获得收入、确认收入的会计期间。费用的归属期是指费用应归属的期间，即费用受益的会计期间。显然，权责发生制所反映的现金的收付与经营成果是不一致的，因而，它主要用于计算盈亏的会计主体中。

权责发生制原则主要从时间选择上确定会计确认的基础，其核心是根据权责关系的实际发生和影响期间来确认企业的收付和损益。根据权责发生制进行收入与成本费用的核算，能够更加准确地反映特定会计期间真实的财务状况及经营成果。我国《企业会计准则——基本准则》规定，企业的会计核算应当以权责发生制为基础。

如前所述，会计核算有会计分期的前提条件，人为地划分会计期间，就有了本期和非本期的区别，这就有必要划分不同会计期间的收益与费用的界限，因而就产生了记账基础问题。上述的权责发生制是记账基础的一种方法，除此之外，现有的记账基础还有收付实现制。收付实现制是以收到或支付现金作为确认收入和费用的依据。按照收付实现制，只要款项已经收到或已经支付，不管收入是否实际实现以及费用是否实际发生，均作为当期收入或费用处理。在这种记账基础上，企业的应收、应付、预收、预付款项均不予调整，即本期的应收、应付款项不影响本期的收益与费用。这种记账基础比较简便，能够反映企业的支付能力。也就是说，按照收付实现制记账，企业的经营成果好，则支付能力强；若经营成果欠佳，则支付能力也差。这样便于企业较好地将获取利润与维持支付能力这两大财务目标统一起来，也便于会计信息的使用者理解。但是，收付实现制对各期损益的确定不够合理。按照现金的实际收支确定的损益不能代表当期的真正经营成果，因为当期收到的现金可能是上期的经营成果，而当期付出的现金又可能在以后期间才带来成果。因此，这种记账基础主要应用于非营利性组织。目前，我国的行政单位采用收付实现制；事业单位除经营业务采用权责发生制外，其他业务也采用收付实现制。

（二）划分收益性支出与资本性支出原则

会计核算应当合理划分收益性支出与资本性支出。所谓收益性支出，是指该项支出的发生是为了取得本会计年度收益，即仅仅与本期收益的取得有关；所谓资本性支出，是指不仅为了取得本期收益而发生的支出，即该项支出的发生有助于以后几个会计年度取得收益。

划分收益性支出与资本性支出的目的在于正确地计算企业当期（一般是指一个会计年度）的损益。具体来说，收益性支出是为了取得本会计年度收益而发生的支出，应当作为本期费用，计入当期损益，列于利润表中，如管理部门固定资产折旧支出等。资本性支出是为形成生产能力，为本期和以后各期取得收益而发生的各种支出，应当作为资产反映，列于资产负债表中，如购置固定资产和无形资产的支出等。

如果一项收益性支出按资本性支出处理，就会造成少计费用而多计资产，出现当期利润虚增而资产价值偏高的现象；如果一项资本性支出按收益性支出处理，则会出现多计费用而少计资产，出现当期利润虚减而资产价值偏低的现象。

（三）收入与费用配比原则

配比原则是指某一会计期间所实现的收入，应当和为获取这些收入而发生的费用相配合、相比较，以求得企业在该会计期间的净收益。获取营业收入必然有相应的耗费。只要存在生产经营活动，就存在所费和所得的比较、投入与产出的比较，所以配比原则具有较大的普遍性。根据收入与费用之间的不同联系方式，它们的配比方式大致有以下两种。

1. 根据收入与费用之间的因果关系进行直接配比。企业的某些收入项目与费用项目之间在经济内容上存在必然的因果关系，这些收入是由于一定的费用消耗而产生的，或者说，这些费用是为取得这些收入而产生的，凡是这种存在因果关系的收入与费用都应直接配比，如商品销售的收入与销售商品的成本之间就存在这种因果关系。

2. 根据收入与费用项目之间存在时间上的一致关系进行配比。某些费用项目虽然不存在与收入项目之间的明显的因果关系，但应与发生在同一期间的收入相配比，如与商品销售收入同一期间的期间费用。

由此可见，配比原则的根本目的在于通过费用与收入的合理配合、比较，来确定某一会计期间的净收益。配比原则与权责发生制原则同时并存。

（四）历史成本计量原则

历史成本计量原则又称原始成本原则或实际成本原则，在历史成本计量下，资产应按照购置时支付的现金或现金等价物的金额，或者购置资产时所付出对价的公允价值计量。

历史成本计量要求资产和权益的计价以经济业务发生时实际投入和实际付出的货币数量作为入账价值，产品成本也按历史成本计算，这样会计报表各项目势必均按历史成本反映。之所以按历史成本计价，主要出于以下几点考虑。

1. 历史成本是买卖双方经讨价还价所确定的交易价格。这个交易价格在市场上客观存在，是可信赖的。

2. 历史成本较真实地反映了取得资产时的价值。

3. 历史成本的确定比较容易，具有可验证性。

4. 按历史成本计价，也使收入与费用的配比建立在实际交易的基础之上，从而使净收益的确定比较真实、客观、可比。按历史成本计价的局限性是难以反映企业当前的真实财务状况和经营成果。

第四章　会计目标

第一节　会计目标基本观点

至今，学术界和实务界对会计目标仍有不同主张，主要观点有受托责任观、决策有用观、双重目标观和经济效益观等。

一、受托责任观

（一）提出背景

受托责任的产生是以财产的委托 - 受托关系为基本前提的，在受托责任学派看来，首要原因在于资源的所有权和经营权的分离。如果资源不实行两权分离，而是两权集于一身，是不可能产生受托责任的概念。换言之，直接从事经营活动的所有者除了对他自己，他不需要向任何人解释与说明其经营情况。

有些学者认为，受托责任观主要在德、日等资本市场不发达的国家盛行。因为德、日等大陆法系国家证券市场的规模较小，以普通股股本的市值占国内生产总值的百分比来衡量，在大陆法系国家，一般是在 30% 以下；而在普通法系国家，如美国、英国等国家。则这个数字高达 50%~100%，相差悬殊。这些大陆法系国家公司的资本主要来源于大股东，股权集中度较高，企业融资渠道主要是银行借款，银行和法人间持股非常普遍。与企业关系密切的主办银行会指派股东直接参与公司管理，影响或控制董事会，直接干预企业的经营决策。由于这些公司商业活动的利益各方的参与度比较高，相互之间可以取得所需要的内部信息，对公开披露信息的要求较低。因此，德、日等国的会计规范体系倾向于较低水平的公开披露、会计不重决策而重利益关系调整的政策。

（二）主要观点

受托责任观的代表人井尻雄士认为："财务会计的目标是反映受托者对受托责任的履行情况。"在现代社会生活中，受托责任关系无处不在。会计史学家理查德·爱德华兹（Edwards）在《财务会计发展史》一书中明确指出："在每一个有组织的社会里，某个人或某一伙人总是代表另一些人持有财物……财务的所有权与保管权相分离的现象十分普遍。"股东将现金托付给黄事会；父母将货币托付给信托人，借此为子女谋得利益……会计之所以日益重要，其原因之一就是在国内生产总值中，委托给代理人的比例在持续扩大。受托责任的关系可因宪法、法律、合同、组织的规则、风俗习惯，甚至口头合约而产生，一个公司对其股东、债权人、雇员、客户、政府或者有关联的公众承担受托责任。在一个公司内部，一个部门的负责人对分部负有受托责任，而部门经理对更高一层的负责人也承担受托责任。

对受托责任的认识经历了一个不断深入和系统化的过程，其包含的内容也在不断拓展，开始时，受托责任主要指由两权分离引起的财产受托责任。佩顿（Paton）和利特尔顿（Lilllelon）在《公司会计准则导论》中将受托责任分为财产受托责任（accountability in property）和管理受托责任（accounlabilily in management）。前者属于董事会、管理当局及全体员工对股东所承担的责任，后者属于员工对管理当局、管理当局对董事会所承担的责任。后来，受托责任的范围进一步扩展，不仅仅包括财产交付产生的责任，还指整个社会托付的结果，即除了维护包括股东、职工等利益外，还包括利益相关的社会就业、公共事业建设、生态环境保护等方面。伯德在其著作《受托责任：编制财务报告的准则》中，将受托责任按资财委托的主体不同分为公共受托责任（public accountability）和非公共受托责任（private accountability）。

但是，不管受托责任的内容如何拓展，受托者的责任主要包括三个方面的内容：一是资源的受托者接受委托，管理委托方交付的资源，受托方因此承担了合理、有效地管理与应用受托资源，使其尽可能地保值、增值并适当承担起相关的社会责任；二是作为资源的受托方，承担了如实向委托方报告其受托责任的履行过程与结果的义务；三是作为资源受托方的企业管理当局，还负有重要的社会责任：最大限度地保持并提高企业所处的社区的良好环境，有效地利用并培养人力资源等。

那么，会计目标与受托责任是怎样建立联系的呢？会计作为一个信息系统，是计量受托责任内容的重要手段。会计涉及三方：责任人、委托人和会计人员……会计人员是作为第三方介入受托责任关系之中的，以便在责任人和委托人之间可以顺利地把委托的责任和交卸的责任交代明白。财务会计就是在受托人接受托付后．按照公认会计原则的要求，对受托责任的完成情况进行认定和计量，并定期编制各种受托财务责任报告，为委托人考察受托人财务责任的完成过程和结果提供信息。

二、决策有用观

（一）提出背景

会计目标的决策有用观大约形成于 20 世纪 70 年代，以美国财务会计准则委员会（FASB）发布的财务会计概念公告为标志。决策有用观之，所以首先在美国产生，这和美国资本市场的发展特点，即社会经济环境有着密切关联。美国的资本市场主要有如下两个特点：

第一，资本市场发达，股东股权非常分散。公司主要的资金来源于股票市场的机构投资者和私人投资者，这不同于大陆法系国家美国企业的大股东主要是非银行金融机构，包括保险公司、养老基金和共同基金等，仅养老基金就占了公开上市公司的 30%。但机构投资者却不能对被持股企业产生直接影响，因为：①受美国各州法律规定的制约，保险公司在任何一个公司所持股票一般不能超过公司股票总值的 5%，养老基金和共同基金一般不能超过 10%，否则会面临不利纳税待遇；②美国 1934 年通过的《证券交易法》规定，任何基金股东不能进入企业董事会或控制、影响企业的经营管理，以防各基金操纵董事会，损害个人股东的权益；③众多分散的小股东则由于存在"搭便车"（freeride）的心理，不愿意或不能参加股东大会，弱化了股东权利。

第二，管理者实际操纵上市公司，公司治理出现较为严重的"内部人"控制现象董事会的组成和董事会的决议往往被少数核心管理者所操纵，许多企业的董事长由首席执行官兼任，公司的经营权往往被控制在少数管理者手中。

外部约束机制尤其是资本市场对管理者的约束显得非常重要。于是股东关注的重点便放在企业收益公告和与收益相关的控制权如关注分红派息、股票分割和股票转让等方面的信息上来。企业公布的这些信息对股东发挥着极强的激励作用，股东依靠企业发布的类似的信息来做出是否投资或者改变投资组合的决定，因此，企业公布的会计信息对投资者决策有着重要的作用，股东通过公布的信息决定买进或者卖出股票的行为成为对管理者的重要约束机制；再加上依赖同样会计信息的接管市场、经理人市场、产品市场的共同作用，对经营者形成了一个强大而完备的外部约束机制，以和"内部人"控制形成抗衡。

（二）主要观点

最早提出会计决策有用观的是美国，早期主要代表人物、组织及其观点有：1940 年，美国会计学家佩顿和利特尔顿在《公司会计准则导论》一书中提到会计的目标是"提供关于某一企业的财务数据，加以汇集、整理与提供，以满足管理当局、投资人和社会公众的要求。"1953 年，美国会计学家斯朵伯斯（Staubus）提出，会计目标是"提供对投资人决策有用的信息"。1966 年，美国会计学会（AAA）在其成立 5 周年纪念日发表的《基本会计理论说明书》中指出，会计提供信息的目的是：

1. 对有限资源的利用做出决策，包括辨认决定性的决策领域，并确定目标和方向；

2. 有限地管理和控制一个组织的人力资源与物质资源；

3. 记录（保存）与报告资源的受托责任；

4. 促进主体（会计主体）的社会职能并控制此种资源。

特鲁伯罗德（Trueblood）会计目标研究小组于 1973 年发布的研究报告《财务报表的目标》（即 Trueblood Committee Report）提出，财务报表的基本目标就是提供"据以进行经济决策的信息"。

美国财务会计准则委员会（FASB）在 1978 年正式发布的财务会计概念公告第 1 辑《企业财务报告的目标》（SFAC No.1）是迄今为止有关会计目标研究的最有代表性的成果。该公告指出，财务会计的目标主要包括以下六个方面：

1. 财务报告应该提供对现在的和潜在的投资者、债权人和其他使用者做出合理的投资、信贷和类似的决策有用的信息，这类信息应该是全面的；

2. 财务报告应该提供有助于现在和潜在的投资者、债权人和其他使用者评估来自股利或利息及其来自销售、偿付到期债券或贷款等的实得收入和预期现金收入的金额、时间分布和不确定性的信息；

3. 财务报告应该提供关于企业的经济资源，对这些资源的要求权以及使资源和对这些资源的要求权发生变动的交易、事项和情况的信息；

4. 财务报告应该提供关于企业如何获得并花费现金的信息，关于企业的举债和偿还债款的信息，关于资本交易的信息（包括分配给所有者的现金股利和企业其他资源的信息），关于可能影响企业的变现能力或偿债能力的信息；

5. 财务报告应该提供关于企业管理当局在使用所有者委托给它的经济资源时是怎样履行它对所有者（股东）的经管责任的信息；

6. 财务报告应该提供对企业经理和董事们在按照所有者利益进行决策时有用的信息。

从美国会计学会和财务会计准则委员会发布的研究成果来看，两者均确立了会计目标决策有用观的地位。但是相比而言，SFAC No.1 的规定更加完整和具体，它明确了需要会计信息做出决策的使用者主体，并对其具体内容做出了详细的规定。前 4 条主要针对外部信息使用者而言，第 6 条则主要针对内部管理者的需要。值得注意的是，两个研究报告均同时提及了会计的受托责任，即会计应该同时提供有关于受托责任完成情况的信息。

英国会计准则委员会（ASB）在其发布的《财务报表目标和财务信息的质量特征》中也明确指出了会计决策有用性的目标，主要有如下三条：

1. 为信息使用者做出决策提供有用的关于企业财务状况、经营业绩和财务适应能力的信息；

2. 反映企业管理当局对资源的受托和经营责任履行的结果，使用者评估经管责任是为了经济决策；

3. 财务报表使用者的经济决策，要求评估企业产生现金的能力及其形成的时间和确定性，如果能提供企业财务状况、经营业绩和现金流动的资料，使用者就能够更好地评估产生现金的能力。

国际会计准则委员会（IASB）在 1989 年 7 月公布的《编报财务报表的框架》中提出提供财务报表的目标是：

1. 提供在经济决策中有助于一系列使用者了解企业财务状况、经营业绩和财务状况变动的资料；

2. 反映企业管理当局对交托给他的资源的经营成果或受托责任，这是为了能够做出经济决策；

3. 财务报表使用者的经济决策要求评估企业生产现金和现金等价物的能力及其产生的时间和确定性。如果使用者得到的是集中说明企业的财务状况、经营成果和财务状况变动的资料，他们就能更好地评估这种产生现金和现金等价物的能力。

澳大利亚会计研究基金会（AAKF）在《会计概念的说明》中将财务报告的目标表述为：

1. 通用财务报告应当为使用者决策和评估有限资源的分配提供有用的信息；

2. 管理当局和控制机构应提供通用财务报告以帮助了解其履行经营责任的情况；

3. 财务报告应揭示与评价经营业绩、财务状况、融资和投资及符合相关性的信息。

我国 1993 年发布的《企业会计准则》指出："会计信息应当符合国家宏观经济管理的要求，满足有关各方了解企业财务状况和经营成果的需要，满足企业加强内部经营管理的要求。"

我国 2006 年发布的《企业会计准则——基本准则》（2014 年该项准则虽有修订，但此处并未改动）第四条指出："企业应当编制财务会计报告。财务会计报告的目标是向财务会计报告使用者提供与企业财务状况、经营成果和现金流量等有关的会计信息，反映企业管理层对受托责任的履行情况，有助于财务会计报告使用者做出经济决策。

英国 ASB、澳大利亚 AARF、IASB 与美国 FASB 发布的会计目标差别不大，均强调了决策有用的观点，只是详细程度有所不同。四者也同时强调了财务会计要反映管理当局受托责任的完成情况，但是 ASB、IASB 比起 FASB、AARF，明确指出了会计报表之所以要提供管理者经管责任方面的信息，主要是为了"能够做出经济决策"，这便和前面强调的决策有用观有机地统一起来。

三、双重目标观

针对会计目标受托责任观和决策有用观的各自不足，有学者提出了会计目标的双重目标观。赵德武从融合的角度出发提出："①会计的目标在于提供有用的会计信息。会计信息的有用性表现在有助于经济决策和反映受托经管责任两个方面在这个意义上，会计反映受托经管责任和有助于经济决策可以看成会计的两个相互补充的具体目标。②会计信息系统是会计信息生成系统和会计信息分析利用系统的有机统一，会计信息生成系统侧重于反映受托经管责任的会计目标，会计信息分析利用系统侧重于有助于经济决策的会计目标。

四、经济效益观

阎达五教授认为："如果我们把会计管理的内容概括为价值运动，那么按照马克思的价值理论，把这种管理的目的确定为取得最大的经济效果就是顺理成章的，只不过是不同社会制度下，经济效果的内容、性质和讲求经济效果的目的和后果不同而已。"

吴水澎教授认为："会计的目标可以大致归纳成：回顾和揭示有关企业过去各种不同性质的经济效益，观察和描述有关企业现在各种不同的经济效益，预测和报告有关企业未来各种不同性质的经济效益，联系分析有关企业过去、现在和未来同一类别经济效益之间的过渡、转化及影响关系，横向比较不同企业同一时期同一类别的经济效益，总体经济效益形成和分配的结构分析及其发展变化预测，直接应用上面有关经济效益的会计信息实行一定范围和程度上的经济效益控制。"

但是一些人对此提出不同意见，如王爱国认为："提高经济效益并不是会计的'专利'。因为：①经济效益是一个综合性的指标，它全面概括了经济工作各个方面的业绩，是所有经济工作追求的目标……②会计的目标是由会计的本质特性决定的，要体现会计的特殊性。"

第二节　不同会计目标对会计实务的影响

（一）会计报表的重点不同

在受托责任观下，会计报表的重点是反映经营业绩的信息，主要提供关于过去的交易和事项的信息，因此在会计确认和计量上均强调采用历史成本和稳健原则。在决策有用观下，会计报表应该反映投资者决策需要的信息，而就决策而言，对投资者最重要的信息是关于企业未来现金流动的金额、时间分布及其确定性的信息。因此，在会计处理时不仅仅允许采用历史成本原则，而是允许采用多种计量方法，如未来现金流量现值、重置成本、可变现净值等，以反映企业未来经济利益和价值，摒弃了传统的成本观而提供公允价值计量。

（二）对会计信息质量特征要求的侧重点不同

在决策有用观下，要求注重信息与决策者决策的相关性，信息如果与决策者做出的决策不相关，就是没有用的。而在受托责任观下，提供的信息更注重可靠性，强调其客观性、中立性及可验证性的特点，认为会计的目标是要真实地反映过去的经营活动，以评价经营者过去一段时间的受托责任履行情况。

（三）财务报告采用的形式和提供报表数量有所不同

受托责任观下的会计信息提供方式和内容比较单一，主要是一些客观反映企业过去经营业绩的信息。在决策有用观下，财务报表是为对信息需求者提供决策有用的信息，信息需求者需求多样性和变动对会计报表提供信息的种类和形式产生影响，财务报告为了迎合外部信息需求，采取了灵活和不断改进的方式，例如，提供盈利预测表等。

第三节 评价会计目标实现情况：质量特征及其度量方法

不论会计目标持哪种理论观点，只有对会计目标的实现情况能够进行客观评价，会计目标的引导功能才有实际意义。为此，包括 FASB、IASB 在内的会计组织曾努力将会计目标细化和具体化，其成果就是提出了一系列关于会计信息质量特征的准则和公告。

一、会计信息质量特征

会计信息的质量特征，是指财务报告提供的信息对使用者有用的那些性质，关于这方面的研究很多，富有代表性的是各个国际会计组织或各国会计准则制定机构对于财务报告质量特征的研究。

美国财务会计准则委员会（FASB）公布的财务会计概念公告第 2 号《会计信息的质量特征》提出了以"决策有用性"为最高质量，以相关性和可靠性为主要质量特征，以重要性和可比性为次要质量特征的会计信息质量分级体系。其中，相关性包括预测价值、反馈价值和及时性，可靠性包括可核实性、真实性和中立性。国际会计准则理事会（IASB）发布的《关于编制和提供财务报表的框架》中，认为会计信息质量由可理解性、相关性、可靠性和可比性四项主要质量特征组成，并认为相关性包括预测作用、证实作用和重要性，可靠性包括如实表述、实质重于形式、中立性、谨慎和完整性等。

在我国，《企业会计准则——基本准则》中提出的会计信息质量要求包括可靠性、相关性、可理解性、可比性、实质重于形式、重要性、谨慎性和及时性。从排列顺序上看，我国的会计信息质量特征也强调可靠性和相关性，而且把可靠性放在第一位。

对于会计信息质量特征的研究，从来就没停止过。近几年来，FASB、1ASB 开展了联合研究。在其新发布的"联合概念框架"中将财务报告的质量特征分为基本的质量特征和增进的质量特征两类。其中，基本的质量特征包括相关性和如实反映，相关性包括两个子质量：预测价值、确定价值；如实反映包括三个子质量：完整的、中立的、无重大差错。增进的质量特征包括可比性、可稽核性、及时性和可理解性。

从现有各个会计准则制定机构的研究成果来看，确定会计信息质量特征究竟包括哪些内容取决于财务报告目标，而确定目标的出发点是财务报告使用者，所以以上会计信息质量特征都是从财务报告使用者需求的角度入手。当然，也有提出其他目标的，如美国证券交易委员会（SEC）前主席 Levitt 提出了以保护投资人利益为目标的另一种思路，形成了投资者保护观。在这种思路下，主要的质量要求有诚信、透明、公允、可比和充分披露等特征。其中，透明和充分披露是 FASB 的质量特征中所没有的，这也是 SEC 站在投资人的角度思考以保护投资人的利益为目标的体现。

二、财务报告质量特征衡量方法

目前，关于财务报告质量衡量方法的研究主要集中于三个方面：第一个方面是对财务报告整体质量衡量方法的研究；第二个方面是对财务报告具体质量衡量方法的研究；第三个方面是对建立财务报告质量评价体系的研究。

（一）财务报告整体质量衡量方法

许多学者选取盈余质量作为财务报告整体质量的替代变量进行研究。盈余质量是财务报告质量经验研究中研究最多、最具热点的一个分支。

关于盈余质量的定义，学术界至今未能形成一致的观点。根据吴德军的归纳，目前学术界从五个角度诠释盈余质量：①经济收益观下的盈余质量。在经济收益观下，只有反映真实收益的信息才是高质量的。因此，会计收益与经济收益的一致程度即是盈余质量高低的体现。②决策有用观下的盈余质量。在这种角度下，盈余质量被认为是盈余在评价公司绩效时的相关性。③现金流观下的盈余质量。在现金流观下，盈余质量是指盈余与现金流的匹配程度。④盈余管理观下的盈余质量，这种观点下的盈余质量用盈余生成过程中的盈余管理程度来衡量。⑤盈余特征观下的盈余质量。盈余特征观认为高质量的盈余应该具有持续性、变动性等会计盈余的特有特征。

至于对盈余质量的衡量，根据 Schipper 和 Vincent 的归纳，主要有五类：

1. 盈余的时间序列特性思路，其中，持续性、变动性和可预测性均为反映盈余质量的重要指标。Sloan 设计出了能够检验盈余及盈余中不同项目的持续性的模型。关于可预测性，Francis 等构造出了以 10 年为时间窗检验可预测性的模型。

2. 从收益与应计额之间的关联看盈余质量。由于盈余包括现金和应计项目，而应计项目又可以分为非操纵性应计项目和操纵性应计项目，许多研究都使用了应计项目或是操纵性应计项目衡量盈余质量，进而衡量财务报告质量。王庆文将会计盈余与经营现金流量的差值除以总资产定义为应计项目，以应计项目作为衡量会计盈余质量的标准，研究了应计项目对公司下一年度的会计盈余及未来两年内股票收益的影响。Jones 等提出的 Jones 模型摒弃了先前模型中非操纵性应计利润每期不变的假设，考虑销货变动与折旧性资产总额对非操纵性应计利润的影响。该模型在得到非操纵性应计利润后，由估计期总应计利润减去非操纵性应计利润得出估计的操纵性应计利润。而 Dechow、Sloan 和 Sweeney 认为 Jones

模型只考虑了销货收入这一变量，无法测量公司以赊销为手段的盈余管理。因此，他们在 Jones 模型的基础上增加了应收账款的变动变量，消除了赊销对销货收入的影响，该模型被称为修正 Jones 模型。考虑到上述两个模型均忽略了无形资产和其他长期资产对非操纵性应计利润的影响，陆建桥在 Jorws 模型的基础上提出了扩展的 Jones 模型，他在自变量中又增加了无形资产和其他长期资产变量。

3. 从收益与现金流量之间关联的角度看盈余质量。从这个角度考虑，以权责发生制和以收付实现制计量的利润从长期来看应该是相同的，所以应计利润与经营现金流量越相近，盈余质量越高。基于这种思想，有学者设计出了用应计利润和经营现金流量之间的差异来衡量盈余质量的应计质量模型，该模型线性回归获取的残值，即流动应计项目与前期、当期和下期现金流不匹配的程度，是对应计项目质量的逆向计量，匹配程度越低，盈余质量越差。然而，上述线性应计模型无法确认会计应计过程中的非线性因素，因此，Ball 和 Shivakumar 在 Dechow 和 Dichev 的基础上进行了改进，引入虚拟变量，提出了分段线性应计模型，这一模型在其后的研究中也得到了广泛的应用。

4. 从审计水平推断盈余质量。很多经验研究成果表明，有效的审计对财务报告质量有提升作用。例如，有文献认为，"四大"审计的上市公司会计信息透明度显著高于非四大审计的上市公司；也有研究证实内部审计水平越高，越有助于减少代理人的逆向选择与道德风险，越能有效地侦查和抑制管理层过激的会计政策，财务报告质量越高。

5. 从价值相关性角度推断盈余质量。经典的度量模型有收益模型（etummodel）和价格模型（pricemodel）。收益模型是研究收益与剩余收益对市场调整后股票报酬率解释能力的模型，这一模型基于投票价格反映了公司经济价值这一假设，认为现期的会计盈余会影响预期盈余，而预期盈余将影响预期股利，从而对现期的股价产生影响。Ohlson 设计的价格模型是另一个具有代表性的价值相关性模型。这一模型研究的是会计盈余与净资产对股票价格的解释能力，将企业的市场价值与财务会计信息虹接联系起来。将两个模型相比较可以发现，价格模型具有两大优点：第一，如果股票市场对会计盈余的任何成分有所预期并反映在期初的股价上，那么应用收益模型得出的结论将产生偏差，而价格模型依然能证明会计信息对决策是有用的。第二，价格模型建立起了会计盈余、净资产与企业市场价值的联系，将会计信息有用性的评价范围由利润表拓展到资产负债表。在相关研究中，价格模型或收益模型都得到了广泛的应用，也有许多学者认为价格模型优于收益模型，价格模型的应用呈现增长的趋势。

综合来看，虽然在经验研究中，盈余质量已成为财务报告质量量化研究最常见的一种方法，盈余质量也确实与财务报告质量有一定相关性，但我们仍不禁怀疑这种相关是否真的强到可以用盈余质量替代财务报告质量，盈余质量究竟是财务报告质量的一种不得已而为之的替代还是一种有效替代？单纯从评价财务报告质量的角度来讲，恐怕盈余质量的高低不足以反映财务报告质量的高低。因为影响财务报告质量的因素有很多，具体的作用方式与作用机理也各有不同，如果用盈余质量的衡量结果直接替代财务报告质量，难免会给人以偏概全的印象。

（二）财务报告具体质量衡量方法

许多学者从衡量某一财务报告质量特征的角度展开了研究，例如，对可靠性等质量特征进行专门衡量。毋庸置疑的是，对某一财务报告质量特征的衡量是一件非常难的事情，有很多特征无法量化，甚至也无法从财务报告中找到蛛丝马迹来验证，只有在财务报告的形成过程中才能有所体现，如实质重于形式、谨慎性等质量特征。而有些质量特征尽管本身不能量化，但可以寻找到替代变量来进行衡量。下面选取可靠性、相关性、及时性、可比性、透明度及披露质量等质量特征进行阐述。

1. 可靠性

可靠性是指会计信息能够如实表述所要反映的对象，不偏不倚地表述经济活动的过程和结果，避免倾向于预定的结果或某一特定利益集团的需要。

由于衡量可靠性存在着天然的难度，学术界对可靠性衡量方法的研究较少，视角也较为局限。目前，对可靠性的衡量可分成三个角度：第一个角度是从可靠性的定义出发，直接构建衡量可靠性的模型；第二个角度是针对具体行业的特点，定义出可靠性的具体衡量方法；第三个角度是从实务中表现出的现象归纳可靠性的衡量方法。

从第一个角度衡量可靠性的典型代表是井尻雄士、朱迪克和陈美华。井尻雄士和朱迪克用多次独立计量得出数据的离散程度来衡量财务报告的可靠性，认为如果多个人对同一项经济事项进行计量，得出的结果越相近则意味着财务报告的可靠性越高。具体模型为：

$$V = \sum (x_i - \bar{x})^2 \div n$$

其中，V 代表可靠性，V 值越小越可靠；n 代表重复计量次数；x_i 代表第 i 次的计量值；$\bar{x}$ 代表多次计量结果的期望值。由以上模型可见，他们主要是从真实性的角度来衡量财务报告的可靠性的。

在井尻雄士和朱迪克的研究的基础上，陈美华将可靠性的测度分成两个步骤。

第一步，对所测量数值的真实程度进行测量，具体模型如下：

$$V_T = \left[\sum (x_i - \bar{x})^2 / n \right] + (\bar{x} - x^*)^2$$

其中，$(\bar{x} - x^*)^2$ 表示被测量值与期望值之间的偏差；V_T 表示调整后的均方差，它的值越小代表信息越真实。

第二步，结合信息使用者可容忍误差，提出用于计量可靠性的模型如下：

$$R = 100\% - V_T / (\bar{x} \times P)$$

其中，R 表示可靠性程度，P 表示可容忍误差。由模型可知，在考虑信息真实性的基础上又考虑了可容忍误差，认为在一定的容忍程度范围内，财务报告反映的会计信息都是可靠的。这一模型是井尻雄士和朱迪克设计模型的改进，但这两种模型在实务操作中均存在着较大难度。

从第二个角度衡量可靠性的典型代表是王波和胡海边，他们在研究制造类企业财务报告的可靠性时，选取了应收账款/其他应收款、主营业务收入/预收账款、销售商品提供劳务收到的现金/收到其他与经营活动有关的现金、主营业务收入/应收账款、销售商品提供劳务收到的现金/应收账款等七项指标，并用层级分析法来确定各项指标的权重，认为得分越多，财务报告的可靠性越高。

从第三个角度衡量可靠性的典型代表是刘建勇和朱学义，他们以上市公司在年报披露之后，有无对年报的各类补充公告或更正公告（实务界称之为"打补丁"）为标准来判断财务报告可靠与否。补丁的出现意味着原来的年报中可能存在着错误或者缺失，会降低年报的可靠性。

财务报告质量的可靠性一直是一个易于定性而难于定量的质量特征，第一个角度对可靠性的衡量虽然紧扣可靠性概念，但实际上难于操作；第二个角度的衡量虽然容易操作，但考虑的是特定的企业类型、小范围的衡量，难于推广成为适合普遍意义上的财务报告可靠性的衡量；第三个角度从可靠性的反面角度入手（哪些指标会降低可靠性）来判断财务报告是否具有可靠性，这无疑是一种很好的思路，给可靠性的衡量提供了一个全新的视角。

2. 相关性

相关性是指企业提供的会计信息应当与财务报表使用者的经济决策相关，有助于财务报表使用者对企业过去、现在或者未来的情况做出评价或预测。现有的关于相关性的研究大多与证券市场的反应相联系，集中于对股价变动等市场反应的解释和预测上，与前面提到的盈余质量价值相关性研究高度重叠。目前，衡量与价值相关性有关的模型主要有价格模型、收益模型、剩余收益定价模型等。

也有学者用财务指标对股价的解释能力来衡量价值相关性。潘立生、李华就是运用传统的财务指标，构建了股票价格、每股净资产和每股收益的线性回归模型，以此来对比研究新、旧会计准则的价值相关性。不同于单纯地选取财务指标，蒋义宏、陈高才选取了综合性指标衡量财务报告所蕴含的会计信息质量，他们考虑了盈余数据及财务管理指标，用非参数检验的方法对会计信息的预测价值进行检验。

由于投资者进行投资决策时往往会考虑企业产生的现金流量，即投资决策与企业的现金流量相关，因此也有一些学者以未来现金流量的可预测性作为财务报告质量的衡量标准。李青原在研究公司财务报告质量的决定因素时，运用了 Lang&Lundhclm 的分析框架，以未来现金流量的可预测性定义财务报告质量，认为未来现金流量的可预测性越强，公司财务报告质量越高。王化成等在研究历史现金流量信息对预测公司未来现金流量方面的相关性问题时，以扩展后的 DKW 模型（DKW 模型是基于本期盈余是下期现金流的最佳估计的思想建立起来的现金流量预测模型）为基础，设计出检验历史现金流量的增量预测价值模型，检验中国资本市场披露现金流量信息是否具有决策有用性。

3. 及时性

及时性包括及时确认计量、按时编报财务报告、及时披露等。关于及时性的衡量，国外文献中存在三种衡量标准：初步时滞（preliminarylag）、审计师签字时滞（opinionsignaturelag）与总时滞（totallag）。初步时滞是指上一会计年度结束日与年报预告日之间的间隔；审计师签字时滞是指上一会计年度结束日与审计师签署审计报告日的时间间隔；总时滞是指上一会计年度结束日与年报实际披露日的时间间隔。由 Chambers 和 Penman（1984）提出的报告时滞（reportinglag）与总时滞相同，也被定义成上一会计年度结束日与年报实际披露日的时间间隔。因此，报告时滞与总时滞具有相同的含义。在国内，多数研究使用总时滞（报告时滞）衡量年报披露的及时性。

使用总时滞（报告时滞）衡量及时性还涉及一个关键问题——计算报告时滞时，是否将公告期间的节假日包括在时滞期内。一种方法是计算时滞期时考虑公告期间的节假日，有很多研究采用这种方法。另一种方法是计算时滞期时不考虑公告期间的节假日。除采用总时滞衡量绝对及时性外，蒋义宏和湛瑞锋又选用了年报实际披露日与年报预约披露日之间的时间间隔衡量相对及时性。与他们相同，王雄元等在研究年报及时性的信号效应时，也选用了实际披露日与预约披露日之间的时间间隔作为及时性的替代变量。程小可等在报告时滞这一衡量方法的基础上，用基于随机游走模型的定义标准，以年度盈余公告披露时间的滞后天数（即公司盈余公告时间与预期数之间的差，差值为正说明不及时，反之说明及时；公司盈余公告时间为盈余公告日与上一会计期间结束日之间的交易天数，预期数为上年度盈余公告时间）作为年报披露及时性的替代变量。

除上述方法外，也有学者提出用反算时滞衡量及时性。反算时滞即年报申报截止日与公司申报日之间的间隔。还有学者认为在三个月以内披露年报的上市公司及时性较好，在第四个月及以后披露年报的公司则及时性较差。

4. 可比性

可比性体现在纵向可比和横向可比两个方面。纵向可比是指同一企业不同时期发生的相同或者相似的交易或者事项应当采用一致的会计政策。横向可比是指不同企业发生的相同或者相似的交易或者事项，应确保会计信息口径一致。由于可比性易受会计准则及会计制度的更改、企业行业特点、企业的组织形式等方面的影响，因此对其进行衡量有一定的难度，关于可比性衡量方法的研究也比较少。

根据魏明海的归纳，有的学者认为不同时期的盈余与应计额倍数差异、账面价值与市场价值倍数差异、现金流量与应计额相关性差异等变化都能在一定程度上反映可比性。除上述指标外，魏明海认为，现金流量与应计收益的相关性也能在一定程度上反映会计信息的可比性。

5.透明度及披露质量

目前，关于透明度尚无一个明确的定义。葛家澍提出透明度有两种理解："狭义的解释把透明度同充分披露视为同义语；广义的理解，则将之视同为高质量的全部含义"。从狭义理解来看，透明度和充分披露关系紧密，并且它们同为投资者保护观下要求的质量特征，因此这里将财务报告透明度及披露质量一起论述。

现有的关于财务报告透明度及披露质量衡量方法的研究既包括许多权威机构设计的测评方法，也包括学者们构建的指标体系或应用模型。与对透明度含义的两种理解相对应，学者们对透明度的衡量也包括两方面：对信息披露透明度的衡量和对会计信息透明度的衡量。

第一，对信息披露质量（信息披露透明度）的衡量。

目前，比较权威的信息披露评级指数包括国际财务分析和研究中心（Center For International Financial Analysis and Research）所发布的 CIEAR 指数，标准普尔公司（S&P）发布的"透明度和披露评价体系"（简称 T&D 评级），普华永道（PWC）的"不透明指数"，我国深圳证券交易所进行的深市上市公司的年度评级等。

C1FAR 指数共选取了 90 个重要的披露项目，并以这些项目在公司年报中被披露的数量多寡作为透明度的衡量标准，披露数量越多，C1FAR 指数越大，透明度就越高。T&I 评级也是通过考察各公司相关内容的披露数量对其透明度进行评价，评价指标具体包含所有权透明度与投资者关系透明度，财务透明度，董事会、管理层结构及程序的披露程度三个层面，共计 98 项指标。CIFAR、T&D 披露指数主要用于国家之间各公司的信息透明度的衡量与比较。"不透明指数"则主要从腐败、法律、财经政策、会计准则与实务、政府管制五个方面对国家整体的会计透明度进行评价，反映的是各个国家之间会计透明度的差异。

自 2001 年开始，我国深圳证券交易所根据《深圳证券交易所上市公司信息披露工作考核办法》对深市上市公司的信息披露情况进行年度评级。深交所主要从真实性、准确性、完整性、及时性、合法合规性和公平性等六个方面考核上市公司的信息披露工作，将上市公司的信息披露质量从高到低依次划分为优秀、良好、及格和不及格四个等级，并在深交所网站上发布评级结果。在经验研究中，许多学者直接运用了深圳证券交易所发布的评级结果衡量透明度。

有的学者以上市公司披露的临时报告数量作为信息披露透明度的替代变量，其所构建的公司信息透明度指数为公司的临时公告数量和季报数量的加总（汪炜、蒋高峰，2004）；有的学者用企业自愿性信息披露的数量作为企业透明度的替代变量（崔学刚，2004）；有的学者借鉴了 Botosan 自愿披露指标的细分项目和归类的思路，将各类自愿披露明细项目归到五大类信息中，分别为这些明细项目赋分并加总，从而建立了公司自愿披露的评级体系。

此外，南开大学公司治理研究中心推出的南开治理指数（CCG1NK）在对上市公司的治理情况进行排名时综合考虑了六个维度，其中也包括信息披露。该指数从完整性、真实性、及时性三个方面对公司信息披露进行评价。

以上不论是权威机构测评还是学者研究，多数采用了指数衡量方法，这是半客观法的一种，它事先列出一些项目，并仅评价这些项目的内容而忽略其他方面。与半客观法相对的是主观等级法，这种方法主要利用分析师评分的方法进行衡量，应用这种方法的典型代表是 AIMR 机构，但该机构已于 1997 年停止了等级评定（Beattie，2004）。

第二，对会计信息透明度的度量。

这方面研究与财务信息整体质量的衡量有一定的重叠性。Bhaltacharyax Daouk & Welker 提出用盈余激进度、损失规避度和盈余平滑度以及三个指标的联合——总盈余不透明度作为透明度的替代变量。盈余激进度是指上市公司倾向于延迟确认损失或费用却加快确认收入的行为，在财务报告中会体现为应计利润的增加。盈余平滑度是指一定时期内上市公司盈余和现金流的相关程度。因此，Bhaltacharya 等用操纵性应计利润来反映盈余激进度，用应计项目的变化与相应年度现金流变化的相关系数反映盈余平滑度。其后许多学者都在 Bhallacharya、Daouk & Welker 的基础上，对会计信息透明度的衡量进行研究。杨之曙和彭倩及周中胜和陈汉文均以盈余激进度和盈余平滑度作为上市公司会计信息透明度的衡量指标。王艳艳和陈汉文则用稳健性、及时性和盈余激进度作为会计信息透明度的替代变量。

可以看出，现有关于透明度的研究分为两个方面：一方面是信息披露的透明度；另一方面是信息内容本身的透明度。前者注重形式上的充分性，即注重披露形式、披露数量；而后者注重内容上的充分和真实，主要是从透明的反面——信息的不透明角度进行衡量。但信息内容透明度概念涉及范围过于广泛，与信息质量整体特征概念存在较大重叠。

（三）财务报告质量评价体系的构建

前述对财务报告质量的衡量，多数局限于学术研究而难以应用到实践，因而有学者探索建立一套切实可操作的信息质量评价体系。其基本思路是选择一系列评价指标，赋予不同的结构层次和权重值，进而得到综合评价结果，但这类研究仍处于探索阶段。

形成较为完整的评价体系研究包括李丽青、师萍（2005）构建的评价指标体系。他们认为会计信息质量应包含会计信息披露的质量和会计信息内容的质量两个方面。因此，他们构建了一个二层结构的评价指标体系。它具体包括充分披露程度、会计政策一致程度、现金流量质量度和收入资产质量度四个一级测评指标体系，每个一级指标下设若干二级指标，二级指标为定量数据或直接可判断的定性数据，根据问卷来设置每一指标的权重。该套评价指标体系基本能够反映企业会计信息质量的内涵，所构建的一级指标，不仅包括了会计信息内容的质量，还包括了会计信息披露的质量，是较为科学与全面的。当然，其二级指标及权重的确定还有进一步完善的空间。

第四节 会计目标选择的局限性

1990 年以后，决策有用性财务报告模式受到了美国证券监督管理委员会（SEC）和 FASB 的支持（Wyatt，1991），并迅速在会计准则的制定中得以充分全面的体现。2010 年，FASB 发布第 8 号财务会计概念公告确认决策有用性是财务报告的唯一目标，从而奠定了公允价值会计模式的基础。

FASB 和 IASB 认为决策有用性包含了受托责任，其逻辑是，在有效的资本市场机制中，投资者买卖股票实际上就是对公司及其管理层的评价，为投资者买卖股票提供信息的同时也就意味着向股东报告受托责任的履行情况。这个逻辑的成立需要有两个基本条件：一个是存在规模大、流动性强的资本市场，使得股票价格的变化和控制权市场能够对公司管理层产生足够大的约束和激励；另一个是股权高度分散，零散的股东无法对公司管理层形成威慑，公司治理机制作用有限。还应看到，这个逻辑成立的一个根本性前提是无缺陷的市场机制。但问题是，许多国家或者经济体都无法满足上述两个条件，这或许正是欧洲一些主要国家的准则制定机构强烈建议单独确立受托责任报告目标的原因（ASB，2007；EFRAG，2013）。显然，在全球很多国家或者经济体都存在同样的问题，而不仅仅是在欧洲。在缺乏规模大、流动性强、股权高度分散的资本市场的情况下，保护投资者或者股东权益的最优报告系统并不是以决策有用性为目标的，恰恰是以受托责任为目标的。一个事实是，在资本市场发达之前的会计信息对保护投资者一直发挥着作用。受托责任不仅仅在于法律意义上的问责、追究责任，还在于受托责任本身意味着管理层恪尽职守的职业道德。受托责任的特征是信任、信心、信誉，涉及勤勉、责任、守法、承诺。受托责任涉及的义务包括契约义务、勤勉义务和诚信义务。

即便一个国家或者经济体存在规模大、流动性强、股权分散的资本市场，公司治理机制仍然是保障股东权益不可或缺的条件，特别是作为大股东的机构投资者的受托责任。市场失灵的情况是经常出现的，平时通过公司治理机制来保证管理层的勤勉尽责，对于维护股东的权益是有价值的。历史经验表明，只要出现灾难性事件，人们就想起了"责任"，比如安然事件、2008 年金融危机等，这些时候也正是市场不能保护投资者的时候。市场是看不见的手，而公司治理则是看得见的手，就如同企业职业经理人的管理一样，两者是相辅相成的。通过治理机制维护自身权益是股东特别是控股股东的权利。现实中，市场机制毕竟很难替代公司治理机制，所以，各地的证券交易所都无一例外地制定治理规则或者指南，要求加强公司的治理结构。在正常情况下，市场机制是公司治理机制的外部环境，外因通过内因起作用，忽略公司治理机制，不发挥会计在治理机制中的作用，最终途过"用脚投票"的方式来维护股东权益只不过是无可奈何的选择。此外，各个国家或者经济体的具体情况不同，公司管理层的受托责任不尽相同，社会责任、关联交易、收购兼并等都会成为"受托责任"财务报告的重点内容。以"决策有用性"为唯一目标的通用财务报告模式不能满足"受托责任"的需要（Gjesdal，1981）。以 FASB 第 8 号财务会计概念公告为例，由于财务报告目标的变化，不再强调"受托责任"公允价值成为会计计量的首选方式，"如实反映"取代了"可靠性"删除了"稳健性""实质重于形式"，最近发布的"来自顾客合同的收入"会计准则不再采纳"实现"。这些变化的直接后果是，财务报告的业绩只是资产或者负债价值变动的结果，与现金流量的关联变弱，与会计期间的联系变弱，偏离权责发生制和收付实现制的基础，这样的会计结果是无法衡量"受托责任"的，也超出了管理层受托责任的范围，会计信息对于债务契约和公司治理的价值主要是在于报告客观的、可验证的经营成果，尽管通过公允价值会计将面向未来的信息包含在财务报告中可以改善主观评价企业经营成果或财务状况的相关性，但却削弱了会计信息在债务契约中的作用，以及在管理层报酬计划中的明显运用。

第五节　IFRS 对会计目标和质量要求的最新修订与理论争议

一、修订历程

2015 年，国际会计准则理事会（以下简称"IASB"）根据对 2013 年发布的财务报告概念框架讨论稿（DP：Discussion Paper）的反馈，对外发布了修改后的概念框架提议，即财务报告概念框架的 ED（Exposure Draft）——"征求意见稿"（以下简称 2015 概念框架 ED）。征求意见截至 2015 年 11 月 26 日。征求意见完毕并修订后，2016 年，IASB 最终完成对概念框架的修订，并发布财务报告概念框架的正式稿。

IASB 的概念框架是由原 1ASC 在 1989 年制定并发布的，IASB 在 1991 年给予认可，并在相当长的一段时期内作为国际会计准则制定的依据。2004 年，国际会计准则理事会（1ASB）和美国财务会计准则委员会（FASB）启动了一个联合项目，分八个阶段，以制定一个统一的概念框架。1ASB 和 FASB 联合项目的成果是：（第一阶段）在 2010 年完成了一个共享概念框架的两章，主要内容是第 1 章的"通用财务报告的目标"及第 3 章的"有用财务信息的特征"，分别以不同的形式发布。FASB 发布的是第 8 号概念公告，IASB 根据联合成果对原概念框架进行了修改，发布了"财务报告概念框架——2010"。除此之外，委员会（第四阶段）还在 2010 年 3 月发布了一个关于"报告主体概念"的联合征求意见稿，但至今尚未有定稿。联合项目的其他方面没有实质性的进展。但也是在2010年，1ASB和FASB由于集中精力于更紧迫的项目而暂停了他们联合概念框架项目。2011年，IASB就其议程进行公开征求意见，大多数意见反馈者觉得概念框架项目应是IASB的优先项目，所以IASB启动了"仅有IASB参与"的概念框架修订项目，不再分阶段而是"一揽子（综合）"完成概念框架的修订完善工作；与此同时，FASB也从2014年开始了"仅有FASB参与"的概念框架项目，仍是"分阶段"来完成美国概念框架的最终制定工作。所以2004年IASB和FASB启动的联合框架项目，于8年后夭折，我们也不可能再寄希望于IASB和FASB两个委员会制定一个统一的概念框架。2012年，IASB单独重新启动"一揽子（综合）"概念框架制定项目以来，进展较快。先是在2013年发布了关于财务报告概念框架的讨论稿（DP：DiscussionPaper），主要是基本会计议题内容的一些初步的观点，内容主要包括财务报表要素、支持资产和负债定义的额外指引、确认和终止确认、权益的定义以及负债和权益要素的区分、计量、列报和披露、综合收益表的列报以及其他问题等。经过征求意见，IASB于2015年3月，根据对2013年发布的财务报告概念框架讨论稿（DP：discussionpaper）的反馈，IASB对外发布了修改后的概念框架ED（ExposureDraft），即财务报告概念框架的"征求意见稿"或"拟定的框架"。在2015年11月26日征求意见截止后，经过进一步修订，IASB计划于2017年年底发布最终的财务报告概念框架正式稿。

二、对财务报告目标、质量要求等的修订

2015概念框架ED的八个具体章节，是IASB新财务报告概念框架的核心内容。其中前两章是对2010概念框架的修订，以"注明修订内容"的形式发布；后6章是新增的章节，以"不加修改"的形式发布。

（一）通用财务报告目标的修订

2015概念框架ED的第1章为通用财务报告目标，这一章来源于2010年发布的现有概念框架的第1章，也是IASB和FASB委员会2010年联合项目的工作成果之一，所以只做了有限的变动。通用财务报告的目标构成了整个概念框架的基础。通用财务报告的目标是提供主体相关的财务信息，该信息可被投资者、贷款人和其他债权人用于做出向主体提供资源的决策。IASB在2015概念框架ED财务报告目标的讨论中，新增共着重突出了："评价管理层对主体资源受托责任（slewardship）所提供信息"而靛雇"B祸颃赤要求权信息""经济资源及兑要求权的变动解息""权责发生制反映的一个报告主体、一定期间的财务业绩信息""一个报告主体、一定期间的过去现金流量信息""有效率、有效果地运用主体资源的信息"，都能帮助使用者评价管理层对报告主体经济资源的受托责任。

（二）有关财务信息质量特征的修订

2015 概念框架 ED 的第 2 章为有用财务信息质量特征，这一章来源于 2010 年发布的现有概念框架的第 2 章，也是 1ASB 和 FASB 委员会 2010 年联合项目的工作成果之一，所以只做了有限的变动。2015 概念框架 ED 中有用财务信息的质量特征包括三个层次：第一个层次是基本质量特征，包括相关性（重要性、计量不确定性）、如实反映；第二个层次是增进了的质量特征，包括可比性、可验证性、及时性和可理解性；第三个层次是约束条件，即有用财务报告的成本约束：信息的成本效益权衡，2015 概念框架 ED 中的主要变化有三点：第一，在"相关性"基本质量特征中，为了专虑"可靠性"的提议，IASB 增加工"计量不确定性"。指出"计量不确定性的程度"是影响财务信息相关性的一个因素，有时"高度的计量不确定性"在某种程度上会超过其他的相关因素影响，使生成的信息不再具有相关性，所以需要在"计量的不确定性程度"和"其他影响信息的相关性因素"之间进行权衡，第二，在"如实反映"基本质量特征中，IASB 重新引入了"谨慎性"概念的详细指南；"谨慎性"被定义为"在不确定条件下，警惕、小心地做出的判断"，并指出"中立性"受"谨慎性"的支持；审慎性（曾于 2010 年从框架中删除）作为一项有助于实现中立性的原则再次回归。第三，在"如实反映"基本质量特征中，IASB 重新引入了"实质重于形式二并指出"如实反映"是按照经济现象的实质，而不是单单根据它所代表的法律形式去提供信息。

（三）财务报表和报告主体

2015 概念框架 ED 的第 3 章为财务报表和报告主体，是新增章节，主要讨论了财务报表的作用和报告主体。①财务报表的作用。2015 概念框架 ED 阐述了财务报表的作用。通用财务报表提供报告主体的经济资源、对主体的要求权和这些经济资源及要求权变动的信息。"通用财务报表"是"通用财务报告"的一种特定形式，主要内容包括两个方面：第一，通用财务报表的目标是提供一个主体财务状况和财务业绩方面的、对财务报表使用者有用的货币性信息，使用者用这些信息来评价主体未来现金流量的前景及管理层对主体资源的受托责任，财务报表是从主体作为一个整体的角度编制的，而不是从特定群体的投资者、贷款人或其他债权人的角度编制的。第二，说明了持续经营假设，基本上是 IASB 现行概念框架的内容。②报告主体，首先，对报告主体进行了定义。在 2015 概念框架 ED 中，"报告主体"是选择、或被要求编制通用目的财务报表的主体，一个"报告主体"可以不必是法律主体，它可以包括一个主体的一部分、或两个、或两个以上的多个主体。这表明，在框架下汇总或剥离的财务报表是可以接受的，但是，征求意见稿并未指出何时编制上述财务报表是适当的，这一话题持续引起争议，但 IASB 并未在征求意见稿中表明如何编制，而建议将其作为准则层面的问题。其次，设定了报告主体的边界。包括两种情形：第一，当一个主体（母公司）控制另一个主体（子公司）时，报告主体的边界可通过仅直接拴制来确定，报告主体编制的报表叫会型吐墨第二，也可通过直接控制和回接控制来确定？报告王催编制的报表叫合并财务报告上国际会计准则理事会认为，通常合并财务报表比未合并财务报表更有可能为财务报表使用者提供有用的信息。未合并财务报表也可能提供有用的信息。国际会计准则理事会认为，如果一个主体选择或被要求编制未合并财务报表，那么该主体需要披露使用者如何能够获取合并财务报表。第三，报告主体不一定是法律主体。如果报告主体不是法律主体，报告主体的边界需要以这样一种方式设定，使得财务报表提供给那些依赖财务报表的现有或潜在投资者、贷款人和其他债权人所需的相关财务信息；如实反映主体的经济活动。

（四）2015 概念框架 ED 与原版本的主要差异

在 2015 概念框架 ED 中：①明确了满足通用财务报告目标所需的信息中，包括用来有助于"评估管理层对主体资源受托责任"的信息。②明确了审慎性、实质重于形式在财务报告中的作用。③明确了"计量上的高度不确定性"有可能降低财务信息的相关性。④明确了"确认和计量等的重要决策"是通过考虑所带来的财务业绩和财务状况相关信息的性质及结果后而做出的。⑤比原概念框架对"资产"和"负债"进行了更为清晰的定义，克服了原定义中的"不确定性"等不足，2015 概念框架 ED 从权利与义务的维度修订资产和负债的定义，删除"很可能"，用"经济资源"取代"经济利益二并提供额外指引"，从而支持这些定义成为"广泛的指引"。

三、对修订的不同观点

（一）财务报告目标中受托责任是否应与决策有用性并列问题

IASB 在早期的概念框架（1989）中将决策有用性（decisionusefulness）和受托责任（stewardship）并列为财务报告的两大目标。作为与 FASR 联合开展概念框架研究的成果，1ASB 在 2010 年版的概念框架中仅仅将决策有用性作为财务报告的唯一目标，将受托责任降格为决策有用性的一个子目标，声称此举是为了让使用者更好地理解受托责任。将双目标改为单目标所引发的争议是 IASB 所料未及的。欧盟、中国和日本等地区和国家的许多会计团体和个人，纷纷呼吁 1ASB 在修订概念框架时重新将受托责任与决策有用性并列为财务报告的目标。

主张在财务报告目标中恢复受托责任显著地位的主要理由包括五个方面：①受托责任是股份公司的固有目标。委托代理关系是股份公司存续的契约基础，作为委托代理关系的基石，受托责任是股份公司财务报告必须反映的重要信息，不受外界因素影响。反观决策有用性的兴起，主要得益于资本市场的繁荣，其发展需要依赖一定的市场前提，难以取代股份制的本质关系所产生的信息需求。而且决策有用性立足使用者的信息需求，是一个权变目标，或者说是形式目标，受托责任作为实质目标则可以在一定程度上予以补充。②尽管上市公司的股东可以依据决策有用的信息"用脚投票"，但是对于上市公司的战略投资者和其他长期价值投资者而言，评价管理层和治理层是否有效地履行受托责任（主要体现为是否有效率和有效果地使用企业的资源）依然是其重要的信息诉求，只提决策有用性而不提受托责任，罔顾了长期投资者的信息需求。而且，现行准则体系同时适用于上市和非上市公司，大量非上市的国有企业和中小企业，其投资者主要关注投资回报（即资本的保值增值）以及管理层是否有效履行受托责任，换言之，提供有助于评价受托责任的相关信息，是非上市公司财务报告的本质要求。③受托责任体现法治精神，不仅有利于实现法律意义上的问责追究制度，而且也强调了管理层本身应该恪守的职业道德，起到保护投资者的作用。④受托责任不完全从属于决策有用性，二者虽有重合，但也存在六个差别：一是导向不同，决策有用性立足现在面向未来，受托责任则强调评价过去已发生的交易。二是覆盖的时间维度不同，决策有用性可以基于时点或较短时间维度的信息，受托责任则要求对管理层过去较长时间履职情况进行评价。三是对信息性质要求不同，现行准则特别强调披露涉及管理层的所有关联方交易，正是基于受托责任目标的考虑，如果从决策有用的角度，仅需报告满足重大性要求的交易即可。四是信息质量特征要求不同，决策有用性看中的是信息的相关性，而受托责任更强调的是信息的可靠性。五是计量属性不同，决策有用性推崇的是公允价值，受托责任拥戴的是历史成本。六是保护投资者的依赖机制不同，决策有用性倡导通过市场机制，受托责任则强调公司治理，这两种机制效应不可替代。⑤明确受托责任目标起到强调和指引的作用。强调受托责任有助于抑制决策有用性过度关注未来的价值导向，保持对公司业绩的恰当关注。同时，在目标层面保留受托责任能够引导IASB在制定和修订会计准则时兼顾评价受托责任的信息需求，避免向决策有用"一边倒"的会计处理。退一步说，夏冬林提出，决策有用观包含受托责任需要具备两个基本条件，即存在规模大流动性强的资本市场和保持股权高度分散，从而一方面借助市场约束管理层，另一方面又限制公司治理发挥作用。但是，显然这两个条件在诸多国家和经济体难以满足。因而，受限于具体会计环境，单一决策有用性的目标不具有可行性。

此外，主张将决策有用性作为唯一目标的拥护者也提出三大理由予以反驳。①将评价受托责任作为财务报告目标不具有可操作性。客观评价受托责任履行情况的前提是将管理层不可控的外部因素的影响从公司业绩中分离出来，并在财务报告上分开列示，这显然不可行。②双目标的信息要求存在重大重叠，基于成本效益原则和减少复杂性的考虑，采用决策有用性为主、受托责任为辅的方式更为恰当。而且二者要求并非割裂，甚至是密切关联的。按照受托责任目标编制的信息必须包含资产负债表所反映的期末时点信息，而该信息又不可避免受到未来预期现金流的影响。例如，资产减值应考虑未来可回收金额。③受托责任目标的支持者可能混淆了财务报告和公司治理的问题。有效的公司治理确实要求管理层向股东提供有关受托责任履行情况的信息，但这些信息并不完全属于财务报告的范围，将评价受托责任作为公司治理的要求更合理。

（二）可靠性应否恢复为信息质量基础特征

IASB 在 2010 年版的概念框架中，对信息质量特征作了重大修改，其中引起最大争议的是用"如实反映"（faithfulrepresentation）替代"可靠性"（reliability），并与相关性并列成为基础质量特征。

在 DP 和 ED 中，IASB 坚持认为，以如实反映替代可靠性并未发生实质上的重大改变。首先，可靠性一词没有直接表达出其试图要表达的内涵，且包含的意思复杂又不够准确，容易产生歧义。例如，可靠性容易与可验证性混淆。如实反映基本继承了可靠性的次级特征，因此二者的替代并不改变可靠性的内在要求。其次，如实反映的定义明确了其意图描绘的对象是"经济现象"，即经济实质，改进了可靠性定义中的指代不明。此外，也有观点指出，抛弃可靠性接纳如实反映，为公允价值会计的推广扫除了障碍。相对于历史成本，可靠性向来是公允价值的软肋，甚至可以说，在一些情况下公允价值信息的相关性是以牺牲可靠性为代价的。但是，可靠性不等于准确性，只要充分披露公允价值的确认和估值过程，满足程序合理，即可认为公允价值信息是可靠的，并不需要验证结果的准确性。这种要求同时也是如实反映的诉求，间接说明两个质量特征并无实质区别。

另一方面，要求重新将可靠性作为基础质量特征的呼声高涨。欧盟要求恢复可靠性的观点认为，可靠性是一个重要的信息质量特征，其概念根深蒂固、广为接受，且其内涵远大于如实反映，以如实反映替代可靠性，不仅仅是术语上的简单修改，而且影响了对核心理念的理解）计量的不确定性问题首当其冲。在现有概念框架中，确认和计量环节均有可靠性要求，例如，成本或价值能够可靠计量是确认标准之一。如实反映取代可靠性相应地改变了确认标准，实质上弱化了对计量不确定性的要求。在计量的可靠性方面，如何对如实反映进行衡量还有待商榷，但对如实反映的强调，有以反映经济实质之名贬低计量可靠性之实的嫌疑。作为过渡性解释，概念框架（2010）对确认标准的"能可靠地计量"通过备注的方式加以说明：如果能够清晰准确地描述估计的金额并解释估计过程的性质和局限，且在选择和运用估计的过程中没有发生错误，即可以认为该项估计是可靠的。这实际上是对原有可靠性等同于结果准确的认识的修正。此外，如实反映并非完全移植可靠性的子特征，IASB 将可靠性的重要次级特征可验证性修改为增进的质量特征，而增进质量特征并非是财务信息进表的必要要求，因此，如实反映对可验证性的要求显然不及可靠性。可验证性对于有用的财务报告依然重要，特别是在防范财务舞弊风险上具有不可替代的作用。

从审计的角度而言，将可验证性作为财务信息基础质量特征，有助于提高合理保证程度，便于执行审计程序。中国学者对可靠性尤为强调。他们认为，第一，可靠性可以在一定程度上弥补薄弱的外部市场保障机制。立足中国国情，我国的法律环境和资本市场的机制建设尚在逐步完善中，可靠性可以视为一种道德或伦理的判断标准，起到过滤和防范虚假会计信息的作用。第二，可靠性的影响是非中性的。不同于相关性的价值中性，不可靠的信息将误导决策，产生负的信息价值，因而，任何对可靠性的削弱都可能产生严重的负面影响。第三，如实反映对可靠性的替代，虽没有偏离其核心内涵，但是少了审慎性和实质重于形式两个指导性内涵，看似放松财务会计信息披露条件，扩大了披露范围，增加了透明度，但是在条件尚不具备时，增加这种透明度反而会产生不公允和误导的副作用，因此可靠性作为财务会计信息质量的灵魂，地位不可动摇。

至于计量的可靠性问题，虽然界定不清，但是在实践运用中似乎也不成障碍。首先，在所有包含计量可靠性作为确认标准的准则中（1AS16，1AS36，IAS37，IAS38.IAS39，IAS40，IAS4I，IFRS2，1FRS7，1FRS9），IAS38 规定某些项目（内部产生的商誉和内部研发）计量如果不充分可靠则不允许确认外，其他准则均无特别规定其次，IASB 在 IFRS13 中将计量的可靠性视为披露的问题，而非确认问题。换言之，IASB 倾向于先认可在财务报表中报告的数字，而后通过附注说明金额的可靠性问题。

IASB 在 2015 年 5 月的 ED 中依然保留着以如实反映取代可靠性的立场，但是会计界的许多团体和个人则坚持认为，IASB 应该探索如何更好地诠释可靠性，不应因可靠性难以解释而草率地弃用这一耳熟能详且广为接受的术语。还有一种观点认为，IASB 对恢复可靠性的呼声置之不理，与其推崇更具相关性但在很多情况下不那么可靠的公允价值会计有关。

（三）谨慎性应否保留为信息质量次级特征的问题

会计是一个高度依赖专业判断的职业，谨慎性在应对不确定性和选择风险偏好等专业判断上扮演着举足轻重的角色。但 1ASB 在 2010 年将谨慎性剔除出如实反映的次级特征，声称谨慎性继续作为在信息质量特征容易引入偏见，且与如实反映的另一个重要次级特征中立性存在冲突。但在对 2013 年发布的 DP 的反馈意见进行评估后，IASB 在 2015 年 5 月发布的 RD 中重新提及谨慎性，认为谨慎性是对中立性的支持。前后态度转变之快，令人瞠目结舌。

IASB 部分委员认为谨慎性不适合作为财务信息质量特征。其理由有二：一是谨慎性适用标准的不平衡将导致偏误，与中立性要求相冲突。在面临不确定性时，谨慎性对资产和收入的确认标准高于负债和费用，这种会计处理的不对称导致资产和收入的低估以及负债和费用的高估，这有悖于如实反映经济实质的信息质量要求，损害了财务报告的透明度。二是谨慎性容易被管理层滥用，成为盈余管理的手段。由于谨慎性的运用涉及主观判断，不容易验证，因此，利用谨慎性可以人为地平滑利润，将好年份的利润通过减值等会计处理进行储备，等待坏年份再释放出来作为业绩缓冲。

对以上理由持反对态度的观点则提出强有力的辩驳。首先，绝对的中立是无法达到的，相关的信息都具有目的性，有目的信息就不中立。财务报告以决策有用性为目标，试图提供影响投资者的决策和行为，这类信息本身就不具有中立性。其次，中立性的定义模糊。如果使用者本身具有不对称的偏好，如风险厌恶者，则中立本身就是带有偏误的。最后，中立的视角具有外部性，同时也会忽略内部的比较优势以及管理层对经济事项的影响力，不一定能够如实反映经济实质。欧洲财务报告咨询组（EFRAG）认为，谨慎性应成为重要的信息质量特征。主要理由包括：第一，谨慎性有助于提高财务报告的可信度。从受托责任的角度看，财务报告至少向投资者传递了实际净资产不低于资产负债表所列示金额的信息，并对报告的利润水平提供一定的保证，提供较高程度的可靠财务数据是财务报表相对于其他信息渠道的优势所在。第二，在面临不确定性的情境下，谨慎性标准要求以更高的概率水平来反映最有可能发生的现金流，因而更接近于如实反映的要求。同时，在判断中遵循谨慎性要求可以平衡盈余管理动机和管理层过度乐观的系统偏见，也为审计人员评价管理层估值提供参考依据。第三，谨慎性应与以公司法为主的法律制度背景相呼应、公司法强调公司治理制度以反映受托责任，欧洲是公司法的发祥地，欧盟又是 IFRS 的主要使用者，信息质量应该与所在区域的法律制度安排相匹配。第四，谨慎性理念已经贯穿在具体准则中，删除谨慎性，将导致概念框架不完整，使具体准则与概念框架不能相呼应。

中国理论界也极力推崇此观点，提出在我国当前经济环境下保持谨慎性仍然十分必要。目前我国市场经济体制仍不完善，盈余管理机会较多，风险评估体系缺失，会计人员整体素质不高，职业判断能力较差，在这样的环境背景下监管层对于公允价值的推广尚持审慎态度，更强调会计信息应适度谨慎。

IASB 在 2015 概念框架 ED 中虽然恢复谨慎性作为如实反映的次级特征，但是提出的解释有些牵强，认为谨慎性的会计处理是对称的，即谨慎性意味着不高估资产和收入，也不低估负债和费用，相应地，也不应该低估资产和收入以及高估负债和费用，唯有如此，方可避免未来期间对资产和收入的高估、负债和费用的低估，换句话说，是为了保持未来期间对谨慎性的遵循。如果这不是对谨慎性的蓄意曲解，就是对谨慎性的刻意修正。但修正后的谨慎性原则能否取得这样的功效，令人生疑。

（四）不确定性标准应在哪个环节设置的问题

不确定性几乎伴随着整个会计流程。随着产业变革、技术进步、金融和商业模式创新等外部环境变化以及公允价值会计的推广运用，财务报告面临着越来越多的不确定性问题，因此，如何设置不确定性标准成为修改概念框架的一大热点问题。争论的焦点在于：若在要素定义和确认环节中设置不确定性标准，将引发存在与否的二元问题；若仅在计量环节设置不确定性标准，将只影响到财务报表的具体金额。

针对不确定性应在哪个环节设置的问题，存在两种观点。

一种观点认为，不确定性仅仅是计量问题，不应在确认环节考虑。IASB 在 DP 和 ED 的修改中秉持这一观点，不仅删除了原有要素定义中对预期现金流的确定性要求，而且在确认标准中也不再强调对现金流入（流出）可能性的要求，而是集中在计量环节考虑不确定性问题。这种观点认为，资产与负债的存在与否是一个二元问题，性质重大。而且，不确定性作为连续函数，不适用于判断二元问题，更适合在计量金额时考虑。

IASB 指出，不论是将不确定性纳入要素定义，还是将其作为确认的一个标准，都是不合理的。首先，资产与负债的存在与否源于合同的权利和义务，通常只有附加执行条件的合同才受到不确定性的影响，但执行这种合同的不确定性不能传导到现时的权利和义务。例如，彩票的购买者不能因为存在中奖的可能就确认资产，医疗事故引发的诉讼不确定性不能否定负债的存在，换言之，这是预期流入和流出的不确定，而非存在与否的问题。其次，在会计确认环节设置不确定性标准将造成部分资产和负债因为预期达不到所要求的确定性程度而无法确认，导致财务报表项目的缺失，从而影响完整性和可比性，也难以反映经济实质。例如，某些衍生金融工具可能导致未来现金流出，但基于当下时点判断，尚达不到"很可能"的确认标准要求，如果因此而不确认该负债，将导致财务报表的重大遗漏。

另一种观点认为，首先应在确认环节设置不确定性标准，然后才在计量环节设置不确定性标准。这也是现行概念框架所秉持的观点，主要理由包括：第一，若不在要素定义和确认环方设置标准，则财务报表将包含现金流入（流出）可能性大于零的所有项目，记录这些发生概率极小的未来现金流项目，不仅无法给使用者传递决策有用的信息，反而会影响其对经济实质的理解，从而忽略更为相关的重大信息。这种完整性是以牺牲相关性、可比性和可理解性为代价的，也会导致企业浪费过多的精力用于这些不确定性项目的后续计量，不符合成本效益原则。第二，估计小概率事件导致的错误比大概率事件严重。比如，估计小概率事件（2%~6%）所引起的误差是 200%（（6%-2%）+2%），而同样规模的大概率事件（80%~84%）只引起了 5%（（84%-80%）+80%）的误差。可见，小概率事件一旦人表计量，估计误差对财务报表的影响巨大，所以表外披露更为恰当。第三，在计量环节考虑所有的不确定性问题面临技术难题，特别是计量那些发生概率很小但潜在经济资源流入（流出）的可能性很大的或有事项时，需要基于高度主观的模型估计来获取价值，可靠性备受质疑，同时，复杂的技术将带来更高的成本，难以满足成本效益原则。在某些情况下，判断存在与否要比估计预期结果更为简单、方便。

（五）商业模式的角色在概念框架中的明确问题

IASB 迄今尚未在概念框架中明确商业模式（business model）的角色。在第 9 号国际财务报告准则《金融工具》中，IASB 首次明确提及商业模式，将商业模式作为对金融资产进行分类和计量的两个判断标准之一，但却没有给商业模式下定义。批评人士认为，此举容易让财务报告编制者和使用者产生混淆。IASB 在 2013 年发布的 DP 第九部分用了不少篇幅讨论商业模式在财务报告中的角色，引发不少争议。

争议主要集中在三个方面：财务报告应否反映报告企业的商业模式；如何定义商业模式；在财务报告中导入商业模式将对概念框架产生什么影响。

概念框架是否应该明确商业模式的角色的问题，在对 DP 的反馈意见中，EFRAG 赞同 IASB 的立场，主张概念框架应该明确商业模式在财务报告中所扮演的重要角色。其主要理由是：第一，商业模式有助于增进对财务报告目标的理解。商业模式提供了企业通过何种方式管理和使用资产以创造价值的信息，同时也反映了运用过往商业模式的效果，并从持续经营的角度预期按照现有商业模式将会在未来重现的结果，有助于使用者进行经济决策并评估受托责任。第二，商业模式符合会计信息质量特征的要求。从相关性的角度看，商业模式优先考虑按主体最可能采用的创造价值方式来描述现金流的产生。从如实反映的角度看，商业模式本身就是客观事实，它所反映的现金流量信息也是企业正在发生或最有可能发生的经济现象。从可比性的角度看，对于看似相同的交易，如果企业采用的不同商业模式，将会对现金流量产生重大的影响，按照不同商业模式对其采用不同的会计处理，实际上提高了可比性，从可理解性的角度看，披露商业模式信息，有助于使用者了解企业是如何创造价值的，这是企业最重要的经济实质之一，从而能更好地理解财务报告所传递的信息。第三，商业模式在确认、计量、列报和披露中均可以发挥重要的作用。例如，订立能源采购合同，对于期货交易商而言，应该确认一项金融工具，但是对于商业模式不同的能源生产商而言，这份合同属于未确认待执行的合同，在未交易之前无须进行确认。又如，衬衫的制造商以成本为基础对库存棉花进行计量，这是合理的，因为制造商采购棉花是准备用于生产，而不是为了出售，成本计量符合制造商的商业模式，但对商品交易商来说，采购棉花是为了从短期价格波动中寻求利润，应当采用公允价值计量并及时确认未实现的持有利得或损失，这种会计处理与交易商的商业模式相吻合。另外，从为股东创造价值的角度出发，基于商业模式理解资产的整合有助于选择计量单元。对于无法独立产生现金流的资源，割裂地分析其性质和预测未来现金流反而会误导投资者决策商业模式能帮助理解资产组的整体运行，从而确定合理的计量单元。

另一方面，对商业模式持反对态度的观点认为，商业模式的定义尚未统一，难以区别于管理层意图。一旦被管理层主观滥用，将导致盈余操纵。因此，对商业模式的推广应秉持审慎的态度。或许是由于 DP 在征求意见过程中争议太大，IASB 在 ED 中回避了商业模式，不仅篇幅大为缩小，而且语焉不详。我们认为，这种回避态度与商业模式创新日新月异的城围极不和谐。在商业模式不断创新的时代背景下，IASB 应当直面商业模式这一问题，概念框架需要澄清商业模式在财务报告中的角色、地位和作用。同样的资产和负债，按照不同的商业模式加以运用，会产生不同的现金流量，创造不同的价值，这是谁也不能否认的客观事实。特别是在移动互联网时代，商业模式创新不仅日新月异，而且颇具颠覆性。创新的商业模式已经让许多因循守旧的传统行业（如商品零售）陷入困境，导致这些行业的获利能力极降，资产快速贬值。唯有在概念框架中明确商业模式的地位和作用，并允许企业按照各自的商业模式进行资产和负债的分类和计量属性的选择，财务报告才能如实反映报告主体的相关的"个性化"信息，决策有用性和受托责任这两个目标才有可能实现。

第五章 账户的分类

为了核算复杂的经济业务，我们需要设置一系列的账户。每个账户都有不同的核算内容，其用途和结构也不尽相同，但彼此间却存在着密切的联系，构成一个完整的账户体系。通过本章学习，了解账户分类的意义；理解账户在不同标准下的具体分类；掌握账户的用途、结构及其反映的经济内容，以便能更好地运用账户进行经济业务核算。

第一节 账户分类的意义和原则

一、账户分类的意义

设置账户是会计核算的一种基本方法。根据复式记账法我们了解到，会计核算企业的任何一项经济活动，都必须在两个或两个以上相互联系的账户中加以反映。因此，每一个账户只能记录企业经济活动的一个方面。而要核算企业全部的经济业务，需要运用数量众多、内容各异而又相互联系的账户才能进行。为了能更好地理解各账户之间的相互联系，建立一套完整的账户体系，并正确地运用这些账户进行会计核算，我们需要对全部账户进行分类。概括起来，账户分类具有以下三方面的意义：

1. 进行账户分类，可以深入地了解账户的内容、用途和结构，正确掌握账户的使用方法，有助于正确运用账户核算企业的经济业务。

2. 进行账户分类，了解账户之间的联系和区别，有助于掌握账户的设置规律，为完整地反映企业的经济活动，设计一套完善的账户体系。

3. 进行账户分类，明确不同账户之间的界限，能更好地满足会计核算的需要，为企业经济管理提供有用的会计信息。

二、账户分类的原则

一个完整而又严密的账户体系是由数量众多、作用各不相同的账户共同构成。这些账户都有不同的核算内容，其用途和结构也不尽相同，但彼此之间存在着密切的联系。为了更好地理解各个账户的共性和差异，有必要对账户进行科学的、合理的分类。一般账户的分类应遵循以下原则。

（一）账户的分类应分析其本质特征

各个账户反映企业不同的经济内容，账户的经济内容不仅决定着各个账户在整个核算体系中的位置，也决定着各个账户的本质。根据经济业务内容对账户进行分类，将账户体系条理化、系统化，能体现出账户的本质特征。一般研究账户的本质特征，主要从账户的性质、用途、结构和提供经济指标的详细程度等四个方面进行分析。因此，合理地进行账户的分类，需要充分地分析各个账户的本质特征，以便能更好地反映企业的经济业务，提供对管理决策更为有用的信息。

（二）账户的分类应分析其所提供核算信息的共性和差异

每个账户的设置和运用都有各自的目的，都是为了提供一定的核算指标。通过第三章的学习，我们知道，设置账户是会计核算的基础。为了记录企业的经济业务活动，提供相应的核算指标，我们需要设置一系列的账户，构成一个完整而严密的账户体系。对所设置的账户如何使用，账户应当提供什么指标，账户如何提供这些指标，以及这些账户之间有没有联系，有什么样的联系等问题，都需要我们认真分析账户的用途和结构。因此，研究账户的分类，应探求其在用途和结构上的共性和差异，进一步加深对账户的认识和运用，以满足各个方面对会计信息的要求。

从账户分类的意义和原则中，可以看到账户最本质的特征在于它所能反映的经济内容。账户的经济内容是账户分类的基础，是最基本的分类。因此，我们在研究账户的分类时，应先按账户的经济内容分类，然后在此基础上再按账户的用途和结构分类。可见账户按用途和结构分类是账户按经济内容分类的必要补充。由于企业经济管理的需要和会计核算工作的需要，我们还可以按账户的其他特征进行分类，如按账户提供核算指标的详细程度分类、按账户期末有无余额分类、按账户提供编制会计报表的资料分类等。

总之，通过账户的分类，可以解释账户的特征，表明账户在整个账户体系中的地位和作用，加深对账户的认识，更好地发挥账户对企业的经济活动进行反映的能力。

第二节　账户按经济内容的分类

账户按经济内容分类是账户分类的基础。账户的经济内容是指会计核算对象的具体内容，也就是会计的基本要素：资产、负债、所有者权益、收入、费用和利润。因此，账户按经济内容的分类，也就是账户按会计要素的分类。在实践中，为了提供对决策有用的会计信息，在分类上可做适当的调整，以便能充分地体现各类账户的特征。例如，企业在一定期间实现的利润，最终都要归属于所有者权益，因此，可以将反映企业利润所得的账户，如"本年利润""利润分配"等账户，并入所有者权益类账户。一般制造业企业都要进行成本核算，而成本核算的内容繁多、工作量大，所以有必要专门设置用于成本计算的账户，如"生产成本""制造费用"等账户。又如,企业在一定期间所取得的收入,以及所发生的需要直接从当期收入或收益中扣除的各项费用或损失,都要体现在当期损益的计算中,因此,也可将这类账户归为一类,即损益类账户。基于这种认识,账户按经济内容的分类,就可以分为以下五类:资产类账户、负债类账户、所有者权益类账户、成本类账户和损益类账户。

一、资产类账户

资产类账户是用来反映当期企业资产的增减变动及其期初期末结存情况的账户。按照资产的流动性不同,这类账户又可以分为两类:

1. 反映流动资产的账户,如"库存现金""银行存款""应收账款""交易性金融资产""原材料""库存商品"等账户。

2. 反映非流动资产的账户,如"长期股权投资""固定资产""累计折旧""投资性房地产""长期待摊费用"等账户。

资产类账户基本结构如图 5-1 所示

借方	资产类账户	贷方
期初余额:反映上期期末结转来的资产 发生额:反映本期增加的资产		发生额:反映本期减少的资产
期末余额:反映期末结存的资产		

图 5-1　资产类账户的基本结构

二、负债类账户

负债类账户是用来反映当期企业债务的增减变动及其期初期末结存情况的账户。此类账户按债务偿还期限的长短,可分为以下两类:

1. 反映流动负债的账户,如"短期借款""应付账款""应付职工薪酬""应付票据""应交税费"等账户。

2. 反映非流动负债的账户,如"长期借款""应付债券""长期应付款"等账户。

负债类账户基本结构如图 5-2 所示

借方	负债类账户	贷方
		期初余额:反映上期期末结转来的负债
发生额:反映本期减少的负债		发生额:反映本期增加的负债
		期末余额:反映期末结存的负债

图 5-2　负债类账户的基本结构

三、所有者权益类账户

所有者权益类账户，是用来反映企业所有者权益增减变动及其结存情况的账户。按照其来源的不同，这类账户可以分为以下两类：

1. 反映所有者投资的账户，如"实收资本（或股本）""资本公积"等账户。

2. 反映留存收益的账户，如"本年利润""利润分配""盈余公积"等账户。

所有者权益类账户基本结构如图5-3所示

借方	负债类账户	贷方
		期初余额：反映上期期末结转来的负债
发生额：反映本期减少的负债		发生额：反映本期增加的负债
		期末余额：反映期末结存的负债

图5-3　所有者权益类账户的基本结构

四、成本类账户

成本类账户是用来归集在生产产品和提供劳务过程中发生的各项成本费用的账户。该类账户主要用来计算产品和劳务的成本。如"生产成本""制造费用""劳务成本""研发支出"等账户。

成本类账户与资产类账户的关系十分密切，企业各项资源在耗费之前表现为资产，资产一经生产耗用就转化为成本费用。因此，成本类账户的期末余额属于资产。

成本类账户基本结构如图5-4所示

借方	成本类账户	贷方
期初余额：反映上期期末在产品的成本		
发生额：反映本期增加的成本		发生额：反映本期减少的成本
期末余额：反映期末在产品的成本		

图5-4　成本类账户的基本结构

五、损益类账户

损益类账户是指与损益的计算直接相关的账户，主要指那些用来反映各项收入和各类费用支出的账户。

1. 用来反映收入的账户，如"主营业务收入""其他业务收入""营业外收入""投资收益"等账户。

2. 用来反映费用的账户，如"管理费用""销售费用""营业外支出""财务费用""主营业务成本""其他业务成本""所得税费用"等账户。

收入类账户基本结构如图 5-5 所示

借方	收入类账户	贷方
发生额：反映本期减少或结转的收入		发生额：反映本期增加的收入
	期末无余额	

图 5-5 收入类账户的基本结构

费用类账户基本结构如图 5-6 所示

借方	费用类账户	贷方
发生额：反映本期增加的费用		发生额：反映本期减少或结转的费用
	期末无余额	

图 5-6 费用类账户的基本结构

这类账户在期末必须将相关数据结转到"本年利润"的借方或贷方，因此，期末没有余额。

账户按经济内容进行分类，如表 5-1 所示

表 5-1　账户按经济内容分类

项目	经济内容	账户的类别	账户的名称
账户	资产类	反映流动资产的账户	库存现金、银行存款、交易性金融资产、应收票据、应收账款、预付账款、其他应收款、坏账准备、材料采购、原材料、库存商品等账户
		反映非流动资产的账户	长期应收款、长期股权投资、固定资产、累计折旧、在建工程、固定资产清理、无形资产、长期待摊费用、商誉等账户
	负债类	反映流动负债的账户	短期借款、交易性金融负债、应付票据、应付账款、预收账款、其他应付款、应付职工薪酬、应交税费、应付股利等账户
		反映非流动负债的账户	长期借款、应付债券、长期应付款等账户
	所有者权益类	反映所有者权益的账户	实收资本、资本公积等账户
		反映留存收益的账户	盈余公积、本年利润、利润分配等账户
	成本类	反映生产过程成本费用的账户	生产成本、制造费用、劳务成本等账户
	损益类	反映收入的账户	主营业务收入、其他业务收入、营业外收入、投资收益等账户
		反映费用的账户	主营业务成本、其他业务成本、销售费用、营业税金及附加、管理费用、财务费用、营业外支出、所得税费用等账户

第三节　账户按用途和结构的分类

账户除了按经济内容分类外，还可以按用途和结构分类。所谓账户的用途，是指账户的具体作用，即通过账户记录，核算企业需要的经济信息。所谓账户的结构，是指在账户中如何登记经济业务，以取得经济管理所需的各种核算信息，即账户的借方登记什么，贷方登记什么，余额在哪一方，表示什么含义。账户的经济内容和账户的用途结构，是账户本身固有的两个特征。在这两个特征中，账户按经济内容分类是基本的、主要的分类；账户按用途结构分类是在按经济内容分类的基础上进一步地分类，是对按经济内容分类的必要补充。比如"固定资产"和"无形资产"，它们都是资产类账户，但是"固定资产"可以通过盘点来确定"固定资产"的存在状况，而"无形资产"因为没有实物形态而无法进行盘点，因此这两个账户所提供的信息存在着明显的差异，在必要的时候就要区别对待，进行汇总、分析。又比如"应收账款"，是资产类账户，主要反映企业因赊销而产生的应该收回的销货款。但是，有时候因为种种原因这些货款收不回来，产生坏账，因此有必要根据以往的经验对"应收账款"提取坏账准备金，来反映未来可能发生的坏账。对于这种坏账准备金，我们单独设置"坏账准备"账户来进行核算。很明显，只有在有"应收账款"的情况下，才会有"坏账准备"账户存在的必要，它们一起共同反映企业实际可能收回的应收账款。所以，这两个账户提供的信息各不相同，具有不同的作用，但它们又相互联系。因此，在一个完整的账户体系下，账户除了按经济内容进行分类外，还有必要按用途和结构进行分类。

在借贷记账法下，账户按用途结构可分为盘存账户、结算账户、调整账户、资本账户、期间账户、集合分配账户、成本计算账户、财务成果账户、计价对比账户等九类账户。

下面分别说明各类账户的用途、结构和特点。

一、盘存账户

盘存账户是用来核算和监督各项具有实物形态的财产物资的增减变动及其结存数额的账户。这类账户的结构是，借方登记各项财产物资的增加数，贷方登记各项财产物资的减少数；其余额在借方，表示期末各项财产物资的结存数。这类账户的结构，如图5-7所示。

借方	盘存账户	贷方
期初余额：反映期初结存的财产物资		
发生额：反映本期增加的财产物资	发生额：反映本期减少的财产物资	
期末余额：反映期末结存的财产物资		

图 5-7　盘存账户的基本结构

一般具有实物形态的资产如"库存现金""银行存款""原材料""库存商品""固定资产"等账户，都是盘存账户。

盘存账户的特点是：

1. 可以通过财产清查的方法，即实地盘点，来核对财产物资的账存数同实存数是否相等，货币资金可以通过银行对账的方法来清查。

2. 盘存账户中，除"库存现金"和"银行存款"以外，其他各账户通过设置明细账，可以提供实物数量和金额两种指标。

3. 盘存账户的余额总是在借方。

二、结算账户

结算账户是用来核算和监督企业同其他单位或个人之间的债权债务往来等结算业务的账户。由于结算业务的性质不同，因而决定了结算账户有着不同的用途和结构。结算账户按照用途和结构的不同，又可以分为债权结算账户和债务结算账户两类。

（一）债权结算账户

债权结算账户，又称资产结算账户，是用来核算和监督企业同其他单位或个人之间的债权结算业务的账户。这类账户的结构是，借方登记债权的增加额，贷方登记债权的减少额；其余额一般在借方，表示期末尚未收回的债权余额。这类账户的结构，如图5-8所示。

借方	债权结算账户	贷方
期初余额：反映期初结存的债权余额		
发生额：反映本期债权的增加额	发生额：反映本期债权的减少额	
期末余额：反映期末结存的债权余额		

图5-8　债权结算账户的基本结构

属于债权结算账户的有"应收票据""应收账款""其他应收款""预付账款""长期应收款"等账户。

（二）债务结算账户

债务结算账户，又称负债结算账户，是用来核算和监督企业同其他单位或个人之间的债务结算业务的账户。这类账户的结构是，贷方登记债务（借入款项和应付款项）的增加额，借方登记债务（借入款项和应付款项）的减少额，表示企业债务的偿还或转销；其余额一般在贷方，表示尚未偿还的债务（借入款项和应付款项）实有数额。这类账户的结构，如图5-9所示。

借方	债务结算账户	贷方
	期初余额：反映期初结存的债务余额	
发生额：反映本期债务的减少额（如偿还数额）	发生额：反映本期债务的增加额	
	期末余额：反映期末结存的债务余额	

图5-9　债务结算账户的基本结构

属于债务结算账户的有"应付票据""应付账款""预收账款""其他应付款""应付职工薪酬""短期借款""长期借款""应交税费""应付股利"等账户。

需要注意的是，债权或债务结算账户不是绝对的。比如我们根据与东方公司的主要业务设置了"应收账款"账户，与东方公司往来的业务都通过该账户核算，如收到东方公司的预付账款登记到"应收账款"账户的贷方，而不是单独设置"预收账款"账户买核算，实际销售时，再登记到"应收账款"账户的借方进行冲销。这样如果"应收账款"账户的期末余额在借方，就是企业的债权，反映公司应收东方公司的账款；如果期末余额在贷方，则反映企业收到的东方公司的预付款，从而成为企业的债务。因此，在编制会计报表时，对结算类账户通常是要根据明细账的余额分析填列。

结算账户的特点是：

1.结算账户只提供货币指标；

2.应按发生结算业务的对方单位或个人设置明细分类账户，以便及时进行结算和核对账目；

3.对债权或债务结算账户，需根据总分类账户所属明细分类账户的余额方向分析判断其账户的性质。

三、调整账户

调整账户是用来调整主账户（也称被调整账户）的余额，以表示主账户的实际余额而设置的账户。在会计核算中，不同的信息对管理决策的影响不同，对某些项目，有时仅仅提供一个数字不能满足管理的需要，而需要用两种不同的数字来进行反映，因此需要设置两个账户。一个账户用来核算原始数字，另一个账户用来核算对原始数字的调整数字，即将原始数字与调整数字相加或相减，以求得调整后的实有数字。核算原始数字的账户，称为被调整账户或主账户；核算调整数字的账户，称为调整账户或辅助账户。

调整账户，由于调整的方式不同，又可分为备抵账户、附加账户和备抵附加账户三类。

（一）备抵账户

备抵账户，又称抵减账户，是用来抵减主账户的余额，反映主账户实际余额的账户。其调整方式，可用公式表示为：

主账户实际余额 = 主账户余额 - 备抵账户余额

备抵账户，按照被调整账户的性质，又可分为资产备抵账户和权益备抵账户两类。

1. 资产备抵账户

资产备抵账户是用来抵减某一资产账户（被调整账户）的总值余额，以确定该资产账户净值余额的账户。通过备抵账户的调整，可以更好地反映资产的实际价值，为管理决策提供更加有效的信息。这类账户的结构是：借方登记转销的备抵额，贷方登记计提的备抵额；余额通常在贷方，反映被抵减资产期末应抵减的数额。这类账户的结构，如图5-10所示。

借方	资产账户	贷方
期末余额：反映某类资产期末结存的总值余额		

借方	资产备抵账户	贷方
	期初余额：反映期初结存的备抵余额	
发生额：反映本期转销减少的备抵额	发生额：反映本期增加计提的备抵额	
	期末余额：反映期末结存的备抵余额	

图5-10　资产备抵账户的基本结构

由上可知：

期末资产账户的净值余额 = 期末资产账户的总值余额 - 期末资产备抵账户的余额

例如，"坏账准备"账户是"应收账款"账户的备抵账户。根据"应收账款"账户（被调整账户）的记录，可以取得应收账款的借方余额，从"坏账准备"账户可以取得应收账款预计可能发生坏账的贷方余额，将"应收账款"账户的借方余额减去"坏账准备"账户的贷方余额，其差额就是应收账款的实际价值（可收回应收账款的净额）。资产备抵账户"坏账准备"的基本结构如图5-11所示。

借方	应收账款	贷方
期末余额:应收账款期末总额　2 000 000		

借方	坏账准备	贷方
	期初余额:期初结存的坏账准备　80 000	
发生额:本期转销的坏账准备　10 000	发生额:本期计提的坏账准备　30 000	
	期末余额:期末结存的坏账准备　100 000	

图 5-11　资产备抵账户"坏账准备"的基本结构

期末应收账款净值 = 期末应收账款总额 - 期末坏账准备余额

=2 000 000 元 -100 000 元 =1 900 000 元

又如,"累计折旧"账户是"固定资产"账户的备抵账户。根据"固定资产"账户(被调整账户)的记录,可以取得固定资产原始价值的数据,从"累计折旧"账户口,可以取得固定资产损耗价值的数据,将"固定资产"账户的借方余额减去"累计折旧"账户的贷方余额,其差额就是固定资产的实际价值(净值)。通过"累计折旧"账户和固定资产净值这个指标的核算分析,可以了解固定资产的新旧程度。资产备抵账户"累计折旧"的基本结构如图 5-12 所示。

借方	固定资产	贷方
期末余额:固定资产总值　50 000		

借方	累计折旧	贷方
	期初余额:期初结存的累计折旧额　8 500	
	发生额:本期计提的折旧额　1 500	
	期末余额:期末结存的累计折旧额　10 000	

图 5-12　资产备抵账户"累计折旧"的基本结构

期末固定资产净值 = 期末固定资产总值 - 期末累计折旧额

=50 000 元 -10 000 元 =40 000 元

2. 权益备抵账户

权益备抵账户是用来抵减某一权益(包括负债、所有者权益和收入)账户(被调整账户)的总值,以确定该权益账户净值的账户。通过备抵账户调整,可以更加客观真实地反映企业权益的实际价值。这类账户的结构是:借方登记发生的权益抵减额,贷方登记转销的权益抵减额;如果有余额,一般在借方,表示尚未结转的权益抵减额。这类账户的基本结构,如图 5-13 所示。

借方	权益账户	贷方
	期初余额:期初结存的权益余额	
发生额:本期发生的权益减少额	发生额:本期发生的权益增加额	
	期末余额:反映某类权益(负债或所有者权益)期末结存的余额	

借方	权益备抵账户	贷方
期初余额:反映期初结存的备抵余额		
发生额:反映本期增加的备抵额	发生额:反映本期转销减少的备抵额	
期末余额:反映期末结存的备抵余额		

图 5-13　权益备抵账户的基本结构

由上可知:

本期权益账户发生额净值 = 本期权益账户发生额总值 - 本期权益备抵账户的发生额

或者是:

期末权益账户净值余额 = 期末权益账户总值余额 - 期末权益备抵账户备抵余额

例如,"销售退回"账户是"主营业务收入"账户的备抵账户,"主营业务收入"账户用来核算本期发生的销售收入,而"销售退回"账户用来核算本期发生退回的销售额,是"主营业务收入"账户的抵减账户。将"主营业务收入"账户的发生额总计数,减去"销售退回"账户的发生额,就可以得到本期实际发生的销售收入的净值。企业同时设置这两个账户,一方面可以提供销售的总体信息;另一方面可以提供发生的销售退回的情况,为企业提供了更加详细的销售资料,也为企业分析销售退回的规模和原因提供了信息,为企业制订更加完善的销售策略提供了依据。权益备抵账户"销售退回"的基本结构如图 5-14 所示。

借方	主营业务收入	贷方
	发生额:本期发生的主营业务收入总额　100 000	

借方	销售退回	贷方
发生额:反映本期增加的销售退回额　5 000	发生额:反映本期转销的销售退回额　5 000	

图 5-14　权益备抵账户"销售退回"的基本结构

本期发生的主营业务收入净值 = 本期发生的主营业务收入总值 - 本期发生的销售退回额

=100 000 元 -5 000 元 =95 000 元

又如"库存股"账户是"实收资本(或股本)"账户的备抵账户。"实收资本"(或股本)账户的期末贷方余额,反映期末结存的股东股本权益金额,"库存股"账户的借方余额,反映期末回购尚未使用的股本金额。用"实收资本"(或股本)账户的贷方余额减去"库存股"账户的借方余额,其差额表示企业期末已发行的股本金额。权益备抵账户"库存股"的基本结构如图 5-15 所示。

借方	实收资本（或股本）	贷方
	期末余额:反映已发行的股本数　200 000	

借方	库存股	贷方
期末余额:反映已回购未使用的股本数　50 000		

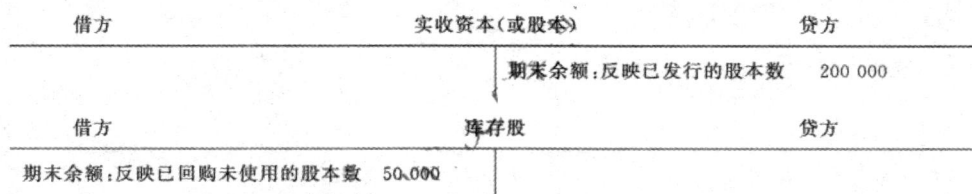

图 5-15　权益备抵账户"库存股"的基本结构

期末结存的实收资本（或股本）数 = 期末已发行的股本数 - 期末已回购未使用的股本数

=200 000 元 -50 000 元 =150 000 元

备抵账户的特点：主账户的余额同辅助账户的余额一定在不同（相反）的方向，如果主账户的余额在借方（或贷方），则备抵账户的余额一定在贷方（或借方）。

（二）附加账户

附加账户是用来增加被调整账户的余额，以求得被调整账户的实际余额的账户。其调整方式，可用公式表示为：

被调整账户余额 + 附加账户余额 = 被调整账户实际余额

附加账户的特点：被调整账户的余额同附加账户的余额一定在相同的方向，也就是说，如果被调整账户的余额在借方（或贷方），则附加账户的余额同样也在借方（或贷方）。在实际的会计工作中，纯粹的附加账户很少运用。

（三）备抵附加账户

备抵附加账户是既用来抵减又用来增加被调整账户的余额，以求得被调整账户实际余额的账户。这类账户兼有备抵账户和附加账户的功能，判断备抵或附加功能，取决于该账户的余额是否与被调整账户的余额方向一致。当其余额与被调整账户的余额方向相反时，该类账户起备抵账户的作用，其调整方式与备抵账户相同；当其余额与被调整账户的余额方向一致时，该账户起附加账户的作用，其调整方式与附加账户相同。

这类账户最典型的是"材料成本差异"账户。"材料成本差异"账户是用来反映采购的原材料的实际成本与企业制定的计划成本差异的账户。因此，被调整账户是"原材料"账户，调整账户是"材料成本差异"账户。若"材料成本差异"账户的余额在借方，则调整相加，反映被调整账户"原材料"的实际成本，这时该账户是附加账户；若"材料成本差异"账户的余额在贷方，则调整抵减被调整账户"原材料"的实际成本，此时该账户是抵减账户。这类账户与被调整账户的关系及调整方式可用图 5-16 加以说明。

借方	原材料	贷方
期末余额:反映原材料的计划成本　50 000		

借方	材料成本差异	贷方
期末余额:反映附加差异　5 000	期末余额:反映抵减差异　5 000	

图 5-16　备抵附加账户的基本结构

如果材料成本差异的余额在借方,则反映的是附加差异,那么原材料的实际成本 = 计划成本 + 附加差异,即 50 000 元 +5 000 元 =55 000 元。

如果材料成本差异的余额在贷方,则反映的是抵减差异,那么原材料的实际成本 = 计划成本 - 抵减差异,即 50 000 元 -5 000 元 =45 000 元。

调整账户的特点是:

1.调整账户与被调整账户所反映的经济内容相同,被调整账户反映的是原始数据,而调整账户反映对原始数据的调整数据。

2.调整的方式是将原始数据同调整数据相加或相减,就可以求得实有数据。

3.调整账户不能离开被调整账户而独立存在,有调整账户就有被调整账户。

四、资本账户

资本账户,也称所有者投资账户,是用来反映企业所有者投资的增减变动及其结存情况的账户。这类账户的贷方登记资本及公积金的增加数额或形成数额,借方登记资本及公积金的减少数额;其余额总是在贷方,表示各项资本、公积金的实有数额。资本账户的结构,如图 5-17 所示。

借方	资本账户	贷方
	期初余额:反映期初结存的资本和公积金余额	
发生额:反映本期资本和公积金的减少数额	发生额:反映本期资本和公积金的增加数额	
	期末余额:反映期末结存的资本和公积金余额	

图 5-17　资本账户的基本结构

属于资本账户的有"实收资本""资本公积"等账户。

资本账户的特点是:

1.该类账户的总分类账和明细分类账只提供货币指标;

2.账户的余额总在贷方。

五、期间账户

期间账户，也称为损益计算账户，是用来核算企业生产经营期间发生的各项收入、费用的账户。这类账户的本期发生额最终都要结转到"本年利润"账户中去，期末没有余额，所以这类账户只能反映企业在经营期间的收支情况。随着经营期间的结束，账户发生额也随之结转，因而期末没有结存的数字。期间账户按用途可分为期间收入账户和期间费用账户。

（一）期间收入账户

期间收入账户是用来反映企业在一定会计期间内取得的各种收入的账户。收入具有广义和狭义之分。狭义上的收入仅指主营业务收入和其他业务收入。此处的收入是指广义上的收入，即不仅包括主营业务收入和其他业务收入，还包括投资收益和营业外收入等。这类账户的结构是，贷方登记本期发生的收入增加额；借方登记本期发生的收入减少额和期末转入"本年利润"账户的收入数额。期末结转后该类账户一般无余额。期间收入账户的结构，如图 5-18 所示。

借方	期间收入账户	贷方
发生额：(1)反映本期收入的减少数额 (2)反映期末转入"本年利润"账户的收入数额		发生额：反映本期收入的增加数额
	期末无余额	

图 5-18 期间收入账户的基本结构

属于期间收入账户的有"主营业务收入""其他业务收入""营业外收入""投资收益""补贴收入"等账户。

期间收入账户的特点是：该类账户的余额期末必须结转，结转后该类账户期末无余额。

（二）期间费用账户

期间费用账户是用来核算和监督企业在一定期间内发生的，应计入当期损益的各项费用的账户。期间费用有广义和狭义之分。狭义的期间费用仅指"三费"，即管理费用、销售费用和财务费用。此处的期间费用是广义的，即不仅包括为取得产品销售收入及经营管理而发生的各种耗费，如"主营业务成本""其他业务成本""管理费用""销售费用""财务费用"等，也包括营业外的支出和所得税费用。这类账户的结构是：借方登记本期费用的增加数额；贷方登记本期费用的减少数额或期末转入"本年利润"账户的费用数额。结转后该类账户一般无余额。期间费用账户的结构，如图 5-19 所示。

借方	期间费用账户	贷方
发生额:(1)反映本期费用的增加额 (2)反映期末转入"本年利润"账户的费用数额		发生额:反映本期费用的减少额

期末无余额

图 5-19 期间费用账户的基本结构

属于期间费用账户的有"主营业务成本""其他业务成本""营业税金及附加""销售费用""管理费用""财务费用""营业外支出""所得税费用"等账户。

期间费用账户的特点是:由于当期发生的各项费用都在期末全部转入"本年利润"账户中,因此该类账户期末无余额。

六、集合分配账户

集合分配账户是用来汇集和分配企业生产经营过程中发生的各项费用账户,借以核算和监督有关费用计划的执行情况和费用的分配情况。这类账户的结构是:借方登记各种费用的发生数额;贷方登记按照一定的分配标准分配记入各个成本计算对象的费用分配数额。一般业务完成结转后,这类账户无余额。集合分配账户的结构,如图 5-20 所示。

借方	制造费用	贷方
发生额:反映本期增加的各种费用数额		发生额:反映本期分配结转的各种费用数额

结转后期末无余额

图 5-20 集合分配账户的基本结构

属于集合分配账户的有"制造费用"等账户。

集合分配账户的特点是:该类账户是具有明显过渡性质的账户,平时用来归集那些不能直接记入某个成本计算对象的间接费用,一旦费用分配出去,业务完成,该类账户的使命就完成,所以结转后无余额。

七、成本计算账户

成本计算账户是用来核算和监督企业生产过程中某一阶段所发生的全部费用,并据此计算该阶段各个成本计算对象实际成本的账户。这类账户的结构是:借方登记应记入某一成本计算对象的全部费用(包括直接费用和通过集合分配账户分配转来的间接费用),贷方登记转出的已完成某一过程的成本计算对象的实际成本;期末如有余额,一定在借方,表示尚未完成某一过程的成本计算对象的实际成本。成本计算账户的结构如图 5-21 所示。

借方	生产成本	贷方
期初余额：反映期初结存在产品的生产成本 发生额：反映本期产品生产过程中增加的全部成本		发生额：反映本期结转减少的产成品的生产成本
期末余额：反映期末结存在产品的生产成本		

图 5-21　成本计算账户的基本结构

属于成本计算账户的有"生产成本""在途物资""在建工程"等账户。

成本计算账户的特点是：该类账户除了设置总分类账户之外，还应按各个成本计算对象分别设置明细分类账进行明细核算，既提供总体成本指标，又提供具体成本构成项目成本指标。

八、财务成果账户

财务成果账户是用来核算和监督企业在一定时期全部经营活动最终成果的账户。这类账户的贷方登记企业期末从各收入账户转入的本期发生的各项收入数额；借方登记期末从各费用账户转入的本期发生的、与本期收入相配比的各项费用数额。期末如为贷方余额，表示收入大于费用的差额，为企业本期实现的净利润额；若出现借方余额，则表示本期费用大于收入的差额，为本期发生的亏损额。年末，本年实现的利润或发生的亏损都要结转记入"利润分配"账户，结转后该类账户应无余额。财务成果账户的结构，如图 5-22 所示。

借方	本年利润	贷方
发生额：反映转入的本期发生的各项费用数额		发生额：反映转入的本期发生的各项收入数额
期末余额：反映本期发生的亏损额		期末余额：反映本期实现的利润额

图 5-22　财务成果账户的基本结构

属于财务成果账户的有"本年利润"账户。

财务成果账户的特点是：在年度中间，账户的余额（无论是实现的利润还是发生的亏损）不转账，一直在该账户中保留，目的是提供截至本期累计实现的利润或发生的亏损，因此，年度中间该账户有余额，可能在贷方，也可能在借方。年终结算，要将本年实现的利润或发生的亏损从"本年利润"账户转入"利润分配"账户。所以，年末转账后，该账户一般无余额。

九、计价对比账户

计价对比账户是指对某些业务按照两种不同的计价标准进行计价、对比，确定其业务成果的账户，如"本年利润"账户。该账户的特点是：借方登记本期发生的成本费用（第一种计价），贷方登记本期发生的收入（第二种计价），将借贷两方两种计价对比，就可以确定本期实现的财务成果是盈利还是亏损。若成本费用大于收入，为经营亏损；若成本费用小于收入，则为经营盈利。无论是亏损还是盈利，最终都要从"本年利润"账户结转记入"利润分配"账户。结转后，"本年利润"账户应无余额。如果有余额在借方，表示期末尚未结转的亏损；若有余额在贷方，表示期末尚未结转的盈利。计价对比账户的结构，如图 5-23 所示。

借方	本年利润	贷方
发生额：期末结转来的期间成本费用（第一种计价）		发生额：期末结转来的期间收入（第二种计价）
期末余额：期末尚未结转的亏损		期末余额：期末尚未结转的盈利

图 5-23　计价对比账户的基本结构

属于计价对比账户的有"本年利润"账户、"材料采购"账户等。

账户按用途和结构的分类如表 5-2 所示。

表 5-2　账户按用途和结构的分类

账户类别		账户名称
盘存账户		库存现金、银行存款、原材料、库存商品、固定资产等账户
结算账户	债权结算账户	应收票据、应收账款、预付账款、其他应收款、长期应收款等账户
	债务结算账户	应付票据，应付账款、预收账款、短期借款、长期借款、应付职工薪酬、应交税费、应付股利等账户
调整账户	备抵账户	累计折旧、坏账准备、销售退回、库存股等账户
	附加账户	
	备抵附加账户	材料成本差异账户
资本账户		实收资本、资本公积等账户
期间账户	期间收入账户	主营业务收入、其他业务收入、投资收益、营业外收入等账户
	期间费用账户	营业税金及附加、销售费用、管理费用、财务费用、资产减值损失、营业外支出、所得税费用等账户
集合分配账户		制造费用账户
成本计算账户		生产成本、在途物资、在建工程等账户
财务成果账户		本年利润账户
计价对比账户		本年利润、材料采购等账户

第四节　账户的其他分类方法

账户除按会计要素、用途和结构分类外，还可以按提供信息的详细程度分类，按列入会计报表分类，按余额分类，按格式分类等。

一、账户按提供信息的详细程度分类

账户按提供信息的详细程度，分为总分类账户和明细分类账户。关于这个方面的内容我们在第三章已经做了详细的介绍，这里就不赘述了。

二、账户按与会计报表的关系分类

账户按与会计报表的关系分类，可以分为资产负债表账户和利润表账户。

（一）资产负债表账户

资产负债表账户是指编制资产负债表所要依据的账户。资产负债表账户包括资产类账户、负债类账户和所有者权益类账户三类，分别与资产负债表中的这三类项目相对应。如果"生产成本"账户期末有借方余额，表示在产品的成本，列入资产负债表的存货项目。

（二）利润表账户

利润表账户是指编制利润表所依据的账户。利润表账户包括收入类账户和费用类账户两类，这类账户是根据利润表的项目设置的。

研究账户按列入会计报表的分类，目的在于通过这些账户的具体核算，提供编制会计报表所需要的数据资料。

三、账户按期末余额分类

账户按期末余额分类，分为实账户、虚账户和混合账户三类。

（一）实账户

实账户，又称永久性账户，通常是指期末结账后有余额的账户。实账户的期末余额代表着企业的资产、负债和所有者权益。

实账户按期末余额的方向分类，又可以分为借方余额账户和贷方余额账户。借方余额账户是指账户的借方发生额表示增加，贷方发生额表示减少，期末余额一定在借方的账户。资产类账户一般都是借方余额账户。贷方余额账户是指账户的贷方发生额表示增加，借方发生额表示减少，期末余额一定在贷方的账户。负债类和所有者权益类账户的期末余额一般都在贷方。

（二）虚账户

虚账户，又称临时性账户，通常是指期末结账后无余额的账户。因为它们只在经营期间存在发生额，而在期末因结转而余额不存在，所以称为临时性账户。虚账户的发生额反映企业的损益情况，通常利润表账户都是虚账户。

（三）混合账户

一个账户兼有虚账户和实账户性质的，称为混合账户。

所谓兼有虚账户和实账户性质，是指该账户本身属于实账户，但是在会计期末，要将其中所含有的需要调整到虚账户的部分进行分离，也即须在期末通过调整分录将这种混合账户的虚账和实账部分分开。比如"待摊费用"，期初余额为 5 000 元，在会计期末，需要将其中的部分费用如 1 000 元摊销到相关费用如"管理费用"中去，这样，该账户的期末余额就调整为 4 000 元，这个调整分录是在会计期末根据配比原则来进行调整分配到费用中去，而费用账户属于虚账户，也就是说将原 5 000 元的资产，分离 1 000 元到虚账户"管理费用"中，另外的 4 000 元依然属于实账户"待摊费用"。

四、账户按格式分类

账户按格式可分为差额式账户和 T 形账户。

差额式账户，又称余额滚存式账户。通常我们常用的各类账户的正式格式，都是差额式账户，其基本格式如图 5-24 所示。

银行存款日记账

| 20××年 | | 凭证 | | 摘要 | 结算凭证 | 对应科目 | 借方 | 贷方 | 余额 |
月	日	字	号						
5	1			月初余额					20 000
	1	银	1	收到销货款	转支	主营业务收入	50 000		70 000
	2	银	2	支取现金	现支	现金		5 000	65 000
	2	银	3	归还借款	转支	短期借款		20 000	45 000
	3	银	4	付广告费	信汇	销售费用		10 000	35 000

图 5-24　差额式账户基本结构

由图 5-24 可知，差额式账户每次都要登记借方金额、贷方金额，并相应结存出余额。

T 形账户，又称丁字账，是差额式账户的简化，其基本格式如图 5-25 所示。

借	银行存款	贷
期初余额：　20 000		
本期发生额：①50 000	本期发生额：② 5 000	
	③20 000	
	④10 000	
本期发生额合计：　50 000	本期发生额合计：　35 000	
期末余额：　35 000		

图 5-25　T 形账户的基本结构

第六章　财产清查

第一节　财产清查概述

一、财产清查的意义

（一）财产清查的概念

财产清查是指通过对实物、现金的实地盘点和对银行存款、往来款项的核对，查明各项财产物资、货币资金、往来款项的实有数和账面数是否相符的一种会计核算的专门方法。财产清查是会计核算方法之一。

企业的各项财产物资是进行经济活动的基础，包括现金、银行存款等各项货币资金和固定资产、材料、在产品、产成品等各项实物资产以及各项应收应付结算款项。这些财产的账实应该是一致的。然而，在实际工作中，由于种种原因，账簿记录会发生差错，各项财产的实际结存数也会发生差错，造成账存数与实存数发生差异。如：在收发物资中，由于计量、检验不准确而造成品种、数量或质量上的差错；财产物资在运输、保管、收发过程中，在数量上发生自然增减变化；在财产增减变动中，由于手续不齐或计算、登记上发生错误；贪污盗窃、营私舞弊造成的损失；自然灾害造成的非常损失；未达账项引起的账账、账实不符等。因此，为了保证账簿记录的正确，各经济单位应定期或不定期地进行财产清查，做到账证相符、账账相符和账实相符。

（二）财产清查的外特台作用

通过财产清查，对各种财产物资进行定期或不定期的核对和盘点，具有十分重要的意义。

1. 使会计资料真实可靠，账实相符

通过财产清查可以确定各项财产物资的实际结存数，将账面结存数和实际结存数进行核对，可以揭示各项财产物资的溢缺情况，从而及时地调整账面结存数，保证账簿记录真实、可靠。

2. 保护企业财产物资的安全完整

通过财产清查，可促使财产物资保管人员加强责任感，保证各项财产的安全完整。

3. 揭示财产物资的使用情况，加快资金周转

通过财产清查，可以揭示财产物资的使用情况，可促进企业改善经营管理，挖掘各项财产的潜力，加速资金周转。

4. 保证财经纪律和结算纪律的执行

通过财产清查，可以查明资金使用是否合理，是否符合党和国家的方针政策和法规，从而使工作人员更加自觉地遵纪守法，自觉维护和遵守财经纪律。

二、财产清查的种类

财产清查可以从不同的角度进行分类。

（一）财产清查按其清查范围的不同，分为全面清查和局部清查

全面清查是对本单位所有的财产物资进行全面的盘点与核对。全面清查范围大、内容多、时间长、参与人员多。全面清查包括：

1. 现金、银行存款、各种有价证券、其他货币资金以及银行借款等货币资金。
2. 所有的固定资产、未完工程、原材料、在产品、产成品及其他物资。
3. 各项在途材料、在途商品和在途物资。
4. 各项债权、债务等结算资金。
5. 租入使用、受托加工保管或代销的财产物资。
6. 出租使用、委托其他单位加工保管或代销的财产物资等。

局部清查是根据需要对部分财产物资进行盘点与核对。主要是对货币资金、存货等流动性较大的财产的清查。局部清查范围小、内容少、时间短、参与人员少，但专业性较强。局部清查一般包括以下几方面：

1. 对现金的清查。应由出纳员在每日业务终了进点清点，做到日清月结。
2. 对于银行存款和银行借款，应由出纳员每月同银行进行核对。
3. 对于材料、在产品和产成品，除年度清查外，应有计划地每月重点抽查；对于贵重的财产物资，应每月清查盘点一次。
4. 对于债权债务，应在年度内至少核对 1 ~ 2 次，有问题应及时核对，及时解决。

（二）财产清查按其清查的时间不同，分为定期清查和不定期清查

定期清查是根据管理制度的规定或预先计划安排的时间对财产物资进行的清查。这种清查的对象不定，可以是全面清查，也可以是局部清查。其清查的目的在于保证会计核算资料的真实正确。一般是在年末、季末或月末结账时进行。如出纳人员每天进行的现金盘点和每月进行的与银行进行的银行存款的对账工作，就是属于定期清查。

不定期清查是根据实际需要对财产物资所进行的临时性清查。不定期清查多数情况下是局部清查，如改换财产物资保管人员进行的有关财产物资的清查、发生意外灾害等非常损失进行的损失情况的清查、有关部门进行的临时性检查等，也可以是全面清查，如单位撤销、合并或改变隶属关系而进行的资产、债权债务的清查。

定期清查和不定期清查的范围应视具体情况而定，可全面清查也可局部清查。

财产清查是一项复杂的工作，其工作内容涉及面广、涉及的人员多，为了有计划地开展这项工作，在财产清查之前，应该充分做好组织上和物质上的准备工作。

第二节 财产清查的方法

一、财产清查前的准备工作

财产清查是一项时间紧、涉及范围广、工作量大、细致复杂的工作，在进行清查之前，必须做好准备工作。

（一）组织准备

为了加强领导，保质保量地完成财产清查工作，一般应在企业负责人的领导下，组织一个有领导干部、专业人员、职工群众参加的专门小组，负责财产清查工作。财产清查小组应在进行财产清查前，根据有关要求，研究制订财产清查的详细计划，包括确定财产清查的对象和范围、安排清查工作进度、确定清查工作的方式方法、配备清查人员、确定清查的具体要求，以及其他准备工作。

（二）业务准备

为了做好财产清查工作，各业务部门，特别是财产物资管理部门和会计部门，应积极配合，认真做好以下各方面的准备工作：

1.财产清查之前，会计人员应将发生的经济业务在账簿中全部登记完毕，结出余额。经审核确认账簿记录完整、计算准确，做到账证相符、账账相符，以便为财产清查提供真实可靠的账面资料。

2.财产物资使用和保管部门的人员应对截至清查日期的所有经济业务，办理好凭证手续且登记入相应的账、卡中，并结出余额。对使用、保管的各类财产物资整理清楚，挂上标签，以便盘点核对。

3.对银行存款、银行借款和往来款项，在清查之前，应及时与对方联系，取得有关的对账单，以便查对。

4.要准备好各种必要的度量衡器具，并仔细进行检查、校正，以保证计量准确。

5.要准备好有关清查用的登记表册。

二、财产物资的两种盘存制度

为了使盘点工作顺利进行，应建立一定的财产物资盘存制度，即用来确定财产物资账面结存数量的两种方法。它们是永续盘存制和实地盘存制。

（一）永续盘存制

永续盘存制也称账面盘存制，是指通过设置各种财产物资明细账，对财产物资的收入与发出逐笔或逐日连续登记，并随时结出账面结存数的方法。采用这种方法时，财产物资的明细账应按每一种品名规格设置，在明细账中，平时要登记各项财产物资的增加数、减少数，并随时结出账面余额。

这种盘存制度的优点是：便于加强会计监督，便于随时掌握财产物资的占用情况及其动态，有利于加强对财产物资的管理；另外，在这种制度下，还可以将明细账上的结存数与预定的最高和最低库存限额进行比较，以便取得库存不足或积压的详细资料，及时组织库存财产物资的购销或处理，加速资金周转。它的缺点是：账簿记录的财产物资的增减变动及结存情况都是根据有关会计凭证登记的，可能发生账实不符的情况，同时，登记明细账的工作量大。

因此，采用永续盘存制的企业，也需要对各项财产、物资进行清查盘点，以查明账实是否相符以及查明账实不符的原因。

（二）实地盘存制

实地盘存制是指平时只在账簿中登记财产、物资的增加数，不登记财产、物资的减少数，到月末，根据实际盘点的实存数，来轧计本月财产、物资的减少数，即以期初结存数加上本期增加数减去期末实存数，倒挤出本月减少数，再据以登记有关账簿。采用这种方法时，平时只根据会计凭证在账簿中登记财产物资的增加数，不登记减少数，会计期末，对各项财产物资进行实地盘点，根据实地盘点所确定的实存数，确定本会计期各项财产物资的减少数。即：

本期减少数＝期初账面余额＋本期增加数 - 期末实际结存数

实地盘存制的优点是：以根据期末实际盘点得出的财产物资期末数字作为账存数倒挤出本期减少（发出）数并登记有关账簿，不会出现账实不符的情况，可以简化会计核算工作。其缺点是：手续不严密，而且平时在账面上不反映各项财产、物资的减少数额和结存数额，这就难以通过会计记录来加强财产的管理。

三、财产清查的方法

（一）实物的清查

不同品种的财产物资，由于其实物形态、体积、重量以及堆放方式不同，可采用不同的清查方法。一般地，可采用实地盘点法和技术推算法两种方法。

1. 实地盘点法。即通过逐一清点或用计量器具来确定实物的实存数量。这种方法适用范围广，数字准确可靠，清查质量高，但工作量大，需要在清查之前做好充分准备，以提高清查速度。对固定资产、材料、在产品、库存商品等各项实物资产，适合使用这种方法。

2. 技术推算法。是对于财产物资不是逐一清点计数，而是通过量方、计尺等技术推算财产物资的结存数量。这种方法一般适用于大量成堆的煤、矿石、生铁等。

为了明确经济责任，无论采用哪种方法，进行财产物资盘点时，有关财产物资的保管人员都必须在场，并参加盘点工作。对各项财产物资的盘点结果，应逐一如实地登记在"盘存单"上，并由盘点人和实物保管人员签字或盖章。

盘存单既是记录盘点结果的书面证明，也是反映财产物资实存数的原始凭证。

为了进一步查明盘点结果同账簿余额是否一致，在填制了盘存清单后，还应根据"盘存单"和账簿记录编制"实存账存对比表"，也称"盘点盈亏对照表"，以便对账实不一致的情况进行分析和确定经济责任，同时，据此进行账务调整。

（二）库存现金的清查

库存现金的清查，是通过实地盘点的方法，确定库存现金的实存数，再与现金日记账的账面余额核对，以查明盈亏情况。

由于现金的收支业务十分频繁，容易出现差错，因此，对保管现金的出纳人员，提出的要求是：逐日逐笔地及时登记现金日记账，每日结出现金余额并与库存现金实际数进行核对。在进行现金清查时，为了明确经济责任，出纳员和财产清查人员都必须在场，在清查过程中不能用白条抵库，也就是不能用不具有法律效力的借条、收据等抵充现金。现金盘点后，应根据盘点的结果及与现金日记账核对的情况，认真填写"现金盘点报告表"，并由出纳人员和盘点人员签字或盖章。"现金盘点报告表"是会计工作中重要的原始凭证，是反映现金实有数和调整账簿记录的重要原始凭证。

国库券、其他金融债券、公司债券、股票等有价证券的清查方法和现金相同。

（三）银行存款的清查

银行存款的清查，是采用企业与银行核对账目的方法来进行的。即将企业的银行存款日记账与从银行取得的对账单进行逐笔核对，以查明银行存款的收入、付出和结余的记录是否正确。

在实际工作中，如果企业银行存款日记账和银行对账单相核对后，双方记账均正确，银行存款日记账的余额和银行对账单的余额也往往不一致。这种不一致的原因，主要是因为存在未达账项。

未达账项是指由于企业与银行之间对于同一项业务，由于取得凭证的时间不同，导致记账时间不一致而发生一方已登记入账，而另一方由于尚未取得结算凭证，尚未入账的款项。企业与银行之间发生的未达账项有以下四种情况。

1. 企业已收，银行未收。即企业送存银行的款项，企业已做存款增加入账，但银行尚未入账。

2. 企业已付，银行未付。即企业开出支票或其他付款凭证，企业已作为存款减少入账，但银行尚未付款、未记账。

3. 银行已收，企业未收。即银行代企业收进的款项，银行已作为企业存款的增加入账，但企业尚未接到通知，因而未入账。

4. 银行已付，企业未付。即银行代企业支付的款项，银行已作为企业存款的减少入账，但企业尚未接到通知，因而未入账。

对于存在的未达账项，企业要编制"银行存款余额调节表"。编制好的银行存款余额调节表的左右两侧金额必须相同，如果出现了左右两侧金额不同的情况，表明企业或者银行记账有误，这时应及时查明原因并加以处理。采用这种方法所得到的调节后的余额，是企业当时实际可以动用的款项。

需要注意的是，如果调节后双方余额相等，则一般说明双方记账没有差错；若不相等，则表明企业方或银行方或双方记账有差错，应进一步核对，查明原因予以更正，同时填制"实存账存对比表"。

（四）往来账项的清查

企业与其他单位的各种结算往来款项的清查应采用同对方核对账目的方法进行。一般采取"函证核对法"进行清查，即通过证件同往来单位核对账目。单位应按每一个经济往来单位编制"往来款项对账单"一式两份，送往各经济往来单位，对方经过核对相符后，在回联单上加盖公章后退回，表示已核对；如果经核对数字不相符，对方应在回单上注明情况，或另抄对账单退回本单位，进一步查明原因，再进行核对，直到相符为止。在核对过程中尤其应注意查明有无双方发生争议的款项、没有希望收回的款项以及无法支付的款项，应及时采取措施进行处理，避免或减少坏账损失。

第三节　财产清查结果的处理

一、财产清查结果的处理程序

财产清查是保证账实相符、加强财产管理的一项重要工作。在清查中如有盘盈、盘亏或毁损，必须认真查明原因，明确责任，并按有关政策、制度的规定提出处理意见，报经审批后，方能处理。

为了使账实相符，财产清查结束后，根据清查结果，先要调整各项财产物资的账面记录（盘盈调增，盘亏调减），然后报请审批后进行处理。

二、财产清查结果的处理

在财产清查过程中，会发现企业在财产管理、会计核算等工作中存在的问题。对于存在的问题，企业应当认真分析研究，以有关的法令、制度为依据进行严肃处理。为此，应切实做好以下几个方面的工作。

1. 认真分析问题，及时查明原因

通过财产清查所确定的清查资料和账簿记录之间的差异，如财产的盘盈、盘亏和多余积压，以及逾期债权、债务等，都要认真查明其性质和原因，明确经济责任，提出处理意见，按照规定程序经有关部门批准后，予以认真严肃的处理。财产清查人员应以高度的责任心，深入调查研究，实事求是，问题定性要准确，处理方法要得当。

2. 积极处理积压物资和清理债权、债务

对于长期不清的债权、债务，应派出专人进行协调、催办，并按照规定方法进行处理。

3. 认真总结经验教训，加强财产物资的管理

财产清查以后，针对所发现的问题和缺点，应当认真总结经验教训，发扬优点，克服缺点，做好工作。同时，要建立和健全以岗位责任制为中心的财产管理制度，切实提出改进工作的措施，进一步加强财产管理，保护社会主义财产的安全和完整。

三、财产清查结果的会计处理

（一）设置"待处理财产损溢"账户

"待处理财产损溢"账户是资产类账户。它用来核算企业在财产清查过程中查明的各

种财产物资的盘盈、盘亏和毁损的账户。该账户的借方登记各种财产物资的盘亏、毁损数及按照规定程序批准的盘盈转销数，贷方登记各种财产物资的盘盈数及按照规定程序批准的盘亏、毁损转销数。借方余额表示尚未处理的各种物资的净损失数，贷方余额表示尚未处理的各种财产物资的净盈余数。

在"待处理财产损溢"账户下，应设置"待处理流动资产损溢"和"待处理固定资产损溢"两个明细账户进行明细核算。

（二）财产清查结果的会计处理

1. 库存现金清查结果的账务处理

库存现金清查结束后，应及时填制"库存现金盘点报告表"，并由清查人员和出纳人员签名或盖章。如果有长款或短款，应根据"库存现金盘点报告表"及时进行账务处理。具体处理方法如下。

（1）现金长款时

报经批准前：

借：库存现金

  贷：待处理财产损溢——待处理流动资产损溢

结账前查明原因，报经批准后：

借：待处理财产损溢——待处理流动资产损溢

  贷：其他应付款——××单位或个人（应付数）

  贷：营业外收入——现 金溢余

（2）现金短款时

报经批准前：

借：待处理财产损溢——待处理流动资产损溢

  贷：库存现金

（3）期末结账前查明原因，报经批准后：

借：现金或其他应收款——××单位或个人

  管理费用——现金短缺（无法查明原因的）

  贷：待处理财产损溢——待处理流动资产损溢

第七章　财务报告

第一节　财务报告概述

一、财务报告的组成与分类

（一）财务报告的组成

财务报告是综合反映企业某一特定时日的资产、负债和所有者权益状况，以及某一特定时期内的经营成果和现金流动情况的书面文件。财务报告包括财务报表和其他应当在财务报告中披露的相关信息和资料。财务报表是对企业财务状况、经营成果和现金流量的结构表述。为了达到财务报表对有关决策有用和评价企业管理层受托责任的目标，一套完整的财务报表至少应当包括"四表一注"，即资产负债表、利润表、现金流量表、所有者权益变动表以及附注。

1.资产负债表，反映企业在某一特定日期财务状况的财务报表，按资产、负债和所有者权益分类、分项列示。

2.利润表，反映企业在一定时期经营成果的财务报表，按照各项收入、费用以及构成利润的各个项目分类、分项列示。

3.现金流量表，反映企业在一定期间现金和现金等价物流入、流出的财务报表，按照经营活动、投资活动和筹资活动分类、分项列示。

4.所有者权益变动表，反映企业所有者权益的各组成部分当期增减变动情况的报表。它分别披露企业当期损益、直接计入所有者权益的利得和损失，以及由所有者的资本交易导致的所有者权益的变动情况。

5.附注，财务报表不可或缺的组成部分，是对资产负债表、利润表、现金流量表和所有者权益变动表等报表中列示项目的文字描述或明细资料，以及对未能在这些报表中列示项目的说明。

（二）财务报告的分类

1. 按编报时间分为定期报表和不定期报表

（1）定期报表一般是指按规定的期间对外报送的财务报表，包括年报、半年报、季报与月报。

（2）不定期报表一般是指内部报表，即根据企业经营管理的需要随时编制的财务报表。

2. 按反映企业资金运动的方式分为静态财务报表和动态财务报表

（1）静态财务报表是反映企业在某一时日资金分布和来源情况的书面报告，它是根据各有关账户的期末余额编制的报表，如资产负债表。

（2）动态财务报表是反映企业在一定时期资金运动结果的财务报表，它是根据各有关账户的本期发生额编制的报表，如利润表和现金流量表。

3. 按财务报告的对象分为对外报送报表和内部报表

（1）对外报送报表又称为财务报表，是指根据国家有关法规、制度规定，按统一格式定期向有关部门报送的财务报表，如资产负债表、利润表和现金流量表。

（2）内部报表又称为管理财务报表，是根据企业内部管理需要，自行设计、填制的各种会计报表，无统一格式，国家不作统一规定，如成本表、生产费用表等。

4. 按财务报告编制的范围分为个别财务报表和合并财务报表

（1）个别财务报表是独立核算的法人单位根据账簿资料编制的，反映本企业财务状况、经营成果和现金流量的财务报表，如资产负债表、利润表和现金流量表。

（2）合并财务报表是指反映企业集团整体财务状况、经营成果和现金流量的财务报表，如合并资产负债表、合并利润表和合并现金流量表。

二、财务报告的目标和作用

（一）财务报告的目标

财务报告的目标是向财务报告使用者提供与企业财务状况、经营成果和现金流量等有关的会计信息，反映企业管理层受托责任履行情况，有助于财务报告使用者做出经济决策。财务报告的使用者通常包括投资者、债权人、政府及其有关部门和社会公众。

（二）财务报告的作用

财务报表将企业日常经营活动进行记录、整理、分类、分析计算与汇总，汇总了会计主体的财务状况、经营业绩、现金流量等总括性信息，向不同的财务信息使用者提供企业财务信息。财务报表对不同的使用者，具有不同的重要作用。

1. 有助于投资人、债权人和潜在投资者等进行合理的决策

对于投资者和债权人来说，利用企业财务报表的信息，判断企业在竞争激烈的市场环境中生存、适应、成长和扩展的能力是非常有益的。他们通过阅读财务报表，可以知道在企业经理的管理下，企业的经营活动是否正常，是否取得盈利，他们的投资回报是多少，他们的资金是否能够保全。这有助于投资者、债权人和潜在的投资人预测企业未来，做出合理的投资决策和维护其自身利益。

2. 能够帮助管理当局改善经营管理，协调企业与相关利益集团的关系，促进企业快速、稳定地发展

从一般管理人员到经理主管人员，都需要了解企业现在及未来的财务状况。他们通过阅读财务报表可以掌握相关信息，并利用这些信息改善经营管理，做出适宜的、有利于企业发展的有效管理计划和经济决策。

3. 能够帮助国家有关部门实现其经济与社会目标，并进行必要的宏观调控，促进社会资源的有效配置

政府机构通过企业报送的财务信息，掌握社会资源的使用与配置等情况，为国家制定经济政策、进行宏观调控提供基础资料。

三、财务报告列报的基本要求

（一）以持续经营为基础

企业应当根据实际发生的交易或事项，以持续经营为基础，按照我国《企业会计准则》的规定编制财务报表，不应以附注披露代替确认和计量。在编制财务报表过程中，企业管理层应当在考虑市场经营能力等因素的基础上，对企业的持续经营能力进行评价。如果对企业的持续经营能力产生重大怀疑，应当在附注中披露导致对持续经营能力产生重大怀疑的影响因素。企业正式决定或被迫在当期或在下一个会计期间进行清算或停止营业的，表明其处于非持续经营状态，应当采用其他基础编制财务报表，并在附注中声明财务报表未以持续经营为基础列报，并披露未以持续经营为基础的原因和财务报表的编制基础。

（二）各会计期间保持一致，不得随意变更

报表项目列报应当在各个会计期间保持一致，不得随意变更，但下列情况除外。

1. 我国《企业会计准则》要求改变财务报表项目的列报。

2. 企业经营业务的性质发生重大变动后，变更财务报表项目的列报能够提供更可靠、更相关的会计信息。

（三）坚持重要性原则

在编制财务报表的过程中，企业应当考虑报表项目的重要性。对于性质或功能不同的项目，如"长期股权投资""固定投资"等，应当在财务报表中单独列报，但不具有重要性的项目除外；对于性质或功能类似的项目，如"库存商品""原材料"等，应当予以合并，作为"存货"项目列报。

（四）各项目金额不得相互抵销

财务报告中的资产项目和负债项目的金额、收入项目和费用项目的金额不得相互抵消，但满足抵销条件的除外。下列两种情况不属于抵销，可以净额列示：第一，资产项目按扣除减值准备后的净额列示，不属于抵销；第二，非日常活动产生的损益，以收入扣减费用后的金额列示，不属于抵销。

（五）满足可比性原则

当期财务报告的列报，至少应当提供所有列报项目上一可比会计期间的比较数据，以及与理解当期财务报表相关的说明，但另有规定的除外。财务报表项目的列报发生变更的，应当对上期比较数据当期的列报要求进行调整，并在附注中披露原因和性质，以及调整的各项金额。对上期比较数据进行调整不切实可行的，应当在附注中披露不能调整的原因。不切实可行，是指企业在做出所有合理努力后仍然无法采用某项规定。

企业应当在财务报表的显著位置至少披露下列各项：①编报企业的名称；②资产负债表日或财务报表涵盖的会计期间；③人民币金额单位；④财务报表是合并财务报表的，应当予以标明。

企业至少应当按年编制财务报表。年度财务报表涵盖的期间短于一年的情况的，应当披露年度财务报表的涵盖期间，以及短于一年的原因。

第二节　资产负债表

一、资产负债表概述

资产负债表是反映企业在某一特定日期的财务状况的报表，是企业经营活动的静态反映。资产负债表是根据"资产＝负债＋所有者权益。"这一平衡公式，依照一定的分类标准和一定的次序，将某一特定日期的资产、负债、所有者权益的具体项目予以适当的排列编制而成。资产负债表主要反映资产、负债和所有者权益三方面的内容。通过资产负债表，可以反映企业在某一特定日期所拥有或控制的经济资源、所承担的现时义务和所有者对净资产的要求权，帮助财务报表使用者全面了解企业的财务状况，分析企业的偿债能力等情况，从而为其做出经济决策提供依据。

二、资产负债表的结构

资产负债表一般由表头、表体两部分组成。表头部分应列明报表名称、编制单位名称、资产负债表日、报表编号和计量单位；表体部分是资产负债表的主体，列示用以说明企业财务状况的各个项目。资产负债表的表体格式一般有报告式和账户式两种。报告式资产负债表是上下结构，上半部分列示资产各项目，下半部分列示负债和所有者权益各项目。账户式资产负债表是左右结构，左边列示资产各项目，反映全部资产的分布及存在状态；右边列示负债和所有者权益各项目，反映全部负债和所有者权益的内容及构成情况。不管采取什么格式，资产各项目的合计一定等于负债和所有者权益各项目的合计。

我国企业的资产负债表采用账户式结构，分为左右两方。左方为资产项目，大体按资产的流动性大小排列，流动性大的资产如"货币资金""交易性金融资产"等排在前面，流动性小的资产如"长期股权投资""固定资产"等排在后面。右方为负债及所有者权益项目，一般按要求清偿时间的先后顺序排列，"短期借款""应付票据"及"应付账款"等需要在一年以内或者长于一年的一个正常营业周期内偿还的流动负债排在前面，"长期借款。"等在一年以上才需偿还的非流动负债排在中间，在企业清算之前不需要偿还的所有者权益项目排在后面。

账户式资产负债表中的资产各项目的合计等于负债和所有者权益各项目的合计，即资产负债表左方和右方平衡。通过账户式资产负债表，可以反映资产、负债、所有者权益之间的内在关系，即"资产＝负债＋所有者权益"。

三、资产负债表的编制方法

（一）资产负债表项目的填列方法

资产负债表各项目均需填列"期末余额"和"上年年末余额"两栏。

资产负债表的"上年年末余额"栏内各项数字，应根据上年年末资产负债表的"期末余额。"栏内所列数字填列。如果上年度资产负债表规定的各个项目的名称和内容与本年度不一致，应按照本年度的规定对上年年末资产负债表各项目的名称和数字进行调整，填入本年度资产负债表的"上年年末余额"栏内。

资产负债表的"期末余额"栏主要有以下几种填列方法。

1. 根据总账科目余额填列。如"短期借款""资本公积"等项目，根据"短期借款""资本公积"。各总账科目的余额直接填列。有些项目则需根据几个总账科目的期末余额计算填列，如"货币资金"项目，需根据"库存现金""银行存款。"其他货币资金"三个总账科目的期末余额的合计数填列。

2. 根据明细账科目余额计算填列。如"应付账款"项目，需要根据"应付账款"和"预付账款"。两个科目所属的相关明细科目的期末贷方余额计算填列；"预付款项"项目，需要根据"应付账款"。科目和"预付账款"。科目所属的相关明细科目的期末借方余额减去与"预付账款"。有关的坏账准备贷方余额计算填列；"预收款项"项目，需要根据"应收账款"科目和"预收账款"。科目所属的相关明细科目的期末贷方余额合计填列；"开发支出"项目，需要根据"研发支出。科目中所属的"资本化支出。明细科目期末余额计算填列；"应付职工薪酬"。项目，需要根据"应付职工薪酬。科目的明细科目期末余额计算填列；"一年内到期的非流动资产""一年内到期的非流动负债。项目，需要根据相关非流动资产和非流动负债项目的明细科目余额计算填列；"未分配利润"项目，需要根据"利润分配"科目中所属的"未分配利润"明细科目期末余额填列。

3. 根据总账科目和明细账科目余额分析计算填列。如"长期借款"项目，需要根据"长期借款。总账科目余额扣除"长期借款"。科目所属的明细科目中将在一年内到期且企业不能自主地将清偿义务展期的长期借款后的金额计算填列；"其他非流动资产"。项目，应根据有关科目的期末余额减去将于一年内（含一年）收回数后的金额计算填列；"其他非流动负债"项目，应根据有关科目的期末余额减去将于一年内（含一年）到期偿还数后的金额计算填列。

4. 根据有关科目余额减去其备抵科目余额后的净额填列。如"应收票据""应收账款""长期股权投资""在建工程等项目，应当根据"应收票据""应收账款""长期股权投资""在建工程。等科目的期末余额减去"坏账准备""长期股权投资减值准备""在建工程减值准备"等备抵科目余额后的净额填列；"投资性房地产"（采用成本模式计量）"固定资产"项目，应当根据"投资性房地产""固定资产"科目的期末余额，减去"投资性房地产累计折旧""投资性房地产减值准备""累计折旧""固定资产减值准备"等备抵科目的期末余额，以及"固定资产清理"科目期末余额后的净额填列；"无形资产"项目，应当根据"无形资产"科目的期末余额，减去"累计摊销""无形资产减值准备"等备抵科目余额后的净额填列。

5. 综合运用上述填列方法分析填列。如"存货"项目，需要根据"原材料""库存商品""委托加工物资""周转材料""材料采购""在途物资""发出商品""材料成本差异"等总账科目期末余额的分析汇总数，再减去"存货跌价准备"科目余额后的净额填列。

（二）资产负债表项目的填列说明

1. 资产项目的填列说明

（1）"货币资金"项目，反映企业库存现金、银行结算户存款、外埠存款、银行汇票存款、银行本票存款、信用卡存款、信用证保证金存款等的合计数。本项目应根据"库存现金""银行存款""其他货币资金。科目期末余额的合计数填列。

（2）"交易性金融资产"项目，反映资产负债表日企业分类为以公允价值计量且其变动计入当期损益的金融资产，以及企业持有的指定为以公允价值计量且其变动计入当期损益的金融资产的期末账面价值。该项目应根据"交易性金融资产"科目的相关明细科目期末余额分析填列。自资产负债表日起超过一年到期且预期持有超过一年的以公允价值计量且其变动计入当期损益的非流动金融资产的期末账面价值，在"其他非流动金融资产"项目反映。

（3）"应收票据"项目，反映资产负债表日以摊余成本计量的，企业因销售商品、提供服务等收到的商业汇票，包括银行承兑汇票和商业承兑汇票。该项目应根据"应收票据"科目的期末余额，减去"坏账准备"科目中相关坏账准备期末余额后的金额分析填列。

（4）"应收账款"项目，反映资产负债表日以摊余成本计量的，企业因销售商品、提供服务等经营活动应收取的款项。该项目应根据"应收账款"科目及"预收账款"科目明细账的借方余额之和，减去"坏账准备"科目中相关坏账准备期末余额后的金额分析填列。

（5）"应收款项融资"项目，反映资产负债表日以公允价值计量且其变动计入其他综合收益的应收票据和应收账款等。

（6）"预付款项"项目，反映企业按照购货合同规定预付给供应单位的款项等。本项目应根据"预付账款"和"应付账款"科目所属各明细科目的期末借方余额合计数，减去"坏账准备"科目中有关预付账款计提的坏账准备期末余额后的净额填列。如"预付账款"科目所属明细科目期末为贷方余额的，应在资产负债表"应付账款"项目内填列。

（7）"其他应收款"项目，反映企业除应收票据、应收账款、预付账款等经营活动以外的其他各种应收、暂付的款项。本项目应根据"应收利息""应收股利"和"其他应收款"科目的期末余额合计数，减去"坏账准备"科目中相关坏账准备期末余额后的金额填列。其中，"应收利息"仅反映相关金融工具已到期可收取但于资产负债表日尚未收到的利息。基于实际利率法计提的金融工具的利息应包含在相应金融工具的账面余额中。

（8）"存货"项目，反映企业期末在库、在途和在加工中的各种存货的可变现净值或成本（成本与可变现净值孰低）。存货包括各种材料、商品、在产品、半成品、包装物、低值易耗品、发出商品等。本项目应根据"材料采购""原材料""库存商品""周转材料""委托加工物资""发出商品""生产成本""受托代销商品"等科目的期末余额合计数，减去"受托代销商品款""存货跌价准备"科目期末余额后的净额填列。材料采用计划成本核算，以及库存商品采用计划成本核算或售价核算的企业，还应按加或减材料成本差异、商品进销差价后的金额填列。

（9）"合同资产"项目，反映企业按照《企业会计准则第14号——收入》的相关规定，根据本企业履行履约义务与客户付款之间的关系在资产负债表中列示的"合同资产""合同资产"项目应根据"合同资产"科目的相关明细科目期末余额分析填列，同一合同下的合同资产和合同负债应当以净额列示。其中，净额为借方余额的，应当根据其流动性在"合同资产"或"其他非流动资产"项目中填列，已计提减值准备的，还应以减去"合同资产减值准备"科目中相关的期末余额后的金额填列；净额为贷方余额的，应当根据其流动性在"合同负债"或"其他非流动负债"项目中填列。

（10）"持有待售资产"项目，反映资产负债表日划分为持有待售类别的非流动资产及划分为持有待售类别的处置组中的流动资产和非流动资产的期末账面价值。该项目应根据"持有待售资产"科目的期末余额，减去"持有待售资产减值准备"科目的期末余额后的金额填列。

（11）"一年内到期的非流动资产"项目，反映企业预计自资产负债表日起一年内变现的非流动资产。本项目应根据有关科目的期末余额分析填列。

（12）"债权投资"项目，反映资产负债表日企业以摊余成本计量的长期债权投资的期末账面价值。该项目应根据"债权投资"科目的相关明细科目期末余额，减去"债权投资减值准备"科目中相关减值准备的期末余额后的金额分析填列"自资产负债表日起一年内到期的长期债权投资的期末账面价值，在"一年内到期的非流动资产"项目反映。企业购入的以摊余成本计量的一年内到期的债权投资的期末账面价值，在"其他流动资产。项目反映。

（13）"其他债权投资"项目，反映资产负债表日企业分类为以公允价值计量且其变动计入其他综合收益的长期债权投资的期末账面价值。该项目应根据"其他债权投资"科目的相关明细科目期末余额分析填列。自资产负债表日起一年内到期的长期债权投资的期末账面价值，在"一年内到期的非流动资产"项目反映。企业购入的以公允价值计量且其变动计入"其他综合收益"的一年内到期的债权投资的期末账面价值，在"其他流动资产"项目反映。

（14）"长期应收款"项目，反映企业租赁产生的应收款项和采用递延方式分期收款，实质上具有融资性质的销售商品和提供劳务等经营活动产生的应收款项。本项目应根据"长期应收款"科目的期末余额，减去相应的"未实现融资收益"科目和"坏账准备"科目所属相关明细科目期末余额后的金额填列。

（15）"长期股权投资"项目，反映投资方对被投资单位实施控制、重大影响的权益性投资，以及对其合营企业的权益性投资"本项目应根据"长期股权投资"科目的期末余额，减去"长期股权投资减值准备"科目的期末余额后的净额填列。

（16）"其他权益工具投资"项目，反映资产负债表日企业指定为以公允价值计量且其变动计入其他综合收益的非交易性权益工具投资的期末账面价值。该项目应根据"其他权益工具投资"科目的期末余额填列。

（17）"固定资产"项目，反映资产负债表日企业固定资产的期末账面价值和企业尚未清理完毕的固定资产清理净损益。该项目应根据"固定资产"科目的期末余额，减去"累计折旧"和"固定资产减值准备"科目的期末余额后的金额，以及"固定资产清理"科目的期末余额填列。

（18）"在建工程"项目，反映资产负债表日企业尚未达到预定可使用状态的在建工程的期末账面价值和企业为在建工程准备的各种物资的期末账面价值。该项目应根据"在建工程"科目的期末余额，减去"在建工程减值准备"科目的期末余额后的金额，以及"工程物资"科目的期末余额，减去"工程物资减值准备"科目的期末余额后的金额填列。

（19）"使用权资产"项目，反映资产负债表日承租人企业持有的使用权资产的期末账面价值。该项目应根据"使用权资产"科目的期末余额，减去"使用权资产累计折旧"和"使用权资产减值准备"科目的期末余额后的金额填列。

（20）"无形资产"项目，反映企业持有的专利权、非专利技术、商标权、著作权、土地使用权等无形资产的成本减去累计摊销和减值准备后的净值。本项目应根据"无形资产"科目的期末余额，减去"累计摊销"和"无形资产减值准备"科目期末余额后的净额填列。

（21）"开发支出"项目，反映企业开发无形资产过程中能够资本化形成无形资产成本的支出部分。本项目应根据"研发支出"科目中所属的"资本化支出"明细科目期末余额填列。

（22）"长期待摊费用"项目，反映企业已经发生但应由本期和以后各期负担的分摊期限在一年以上的各项费用。长期待摊费用中在一年内（含一年）摊销的部分，在资产负债表"一年内到期的非流动资产"项目填列。本项目应根据"长期待摊费用"科目的期末余额，减去将于一年内（含一年）摊销的数额后的金额分析填列。

（23）"递延所得税资产"项目，反映企业根据所得税准则确认的可抵扣暂时性差异产生的所得税资产。本项目应根据"递延所得税资产"科目的期末余额填列。

（24）"其他非流动资产"项目，反映企业除上述非流动资产以外的其他非流动资产。本项目应根据有关科目的期末余额填列。

2. 负债项目的填列说明

（1）"短期借款"项目，反映企业向银行或其他金融机构等借入的期限在一年以下（含一年）的各种借款。本项目应根据"短期借款"科目的期末余额填列。

（2）"交易性金融负债"项目，反映企业资产负债表日承担的交易性金融负债，以及企业持有的直接指定为以公允价值计量且其变动计入当期损益的金融负债的期末账面价值。该项目应根据"交易性金融负债"科目的相关明细科目期末余额填列。

（3）"应付票据"项目，反映资产负债表日以摊余成本计量的，企业因购买材料、商品和接受服务等开出、承兑的商业汇票，包括银行承兑汇票和商业承兑汇票。该项目应根据"应付票据"科目的期末余额填列。

（4）"应付账款"项目，反映资产负债表日以摊余成本计量的，企业因购买材料、商品和接受服务等经营活动应支付的款项。该项目应根据"应付账款"和"预付账款"科目所属的相关明细科目的期末贷方余额合计数填列。

（5）"预收款项"项目，反映企业按照购货合同规定预收供应单位的款项。本项目应根据"预收账款"和"应收账款"科目所属各明细科目的期末贷方余额合计数填列。如"预收账款"科目所属明细科目期末为借方余额的，应在资产负债表"应收账款"项目内填列。

（6）"合同负债"项目，反映企业按照《企业会计准则第 14 号——收入》的相关规定，根据本企业履行履约义务与客户付款之间的关系在资产负债表中列示的合同负债。"合同负债"项目应根据"合同负债"的相关明细科目期末余额分析填列。

（7）"应付职工薪酬"项目，反映企业为获得职工提供的服务或解除劳动关系而给予的各种形式的报酬或补偿。企业提供给职工配偶、子女、受赡养人、已故员工遗属及其他受益人等的福利，也属于职工薪酬。职工薪酬主要包括短期薪酬、离职后福利、辞退福利和其他长期职工福利。本项目应根据"应付职工薪酬"科目所属各明细科目的期末贷方余额分析填列。外商投资企业按规定从净利润中提取的职工奖励及福利基金，也在本项目列示。

（8）"应交税费"项目，反映企业按照税法规定计算应交纳的各种税费，包括增值税、消费税、城市维护建设税、教育费附加、企业所得税、资源税、土地增值税、房产税、城镇土地使用税、车船税、矿产资源补偿费等。企业代扣代缴的个人所得税，也通过本项目列示。企业所交纳的税金不需要预计应交数的，如印花税、耕地占用税等，不在本项目列示。本项目应根据"应交税费"科目的期末贷方余额填列，如"应交税费"科目期末为借方余额，应以"-"号填列。需要说明的是，"应交税费"科目下的"应交增值税""未交增值税""待抵扣进项税额""待认证进项税额""增值税留抵税额"等明细科目期末借方余额应根据情况，在资产负债表中的"其他流动资产"或"其他非流动资产"项目列示；"应交税费——待转销项税额"等科目期末贷方余额应根据情况，在资产负债表中的"其他流动负债"或"其他非流动负债"项目列示；"应交税费"科目下的"未交增值税""简易计税""转让金融商品应交增值税""代扣代缴增值税"等科目期末贷方余额应在资产负债表中的"应交税费"项目列示。

（9）"其他应付款"项目，反映企业除应付票据、应付账款、预收账款、应付职工薪酬、应交税费等经营活动以外的其他各项应付、暂收的款项。本项目应根据"应付利息""应付股利""其他应付款"科目的期末余额合计数填列。其中，"应付利息"科目仅反映相关金融工具已到期应支付但于资产负债表日尚未支付的利息。基于实际利率法计提的金融工具的利息应包含在相应金融工具的账面余额中。

（10）"持有待售负债"项目，反映资产负债表日处置组中与划分为持有待售类别的资产直接相关的负债的期末账面价值。本项目应根据"持有待售负债"科目的期末余额填列。

（11）"一年内到期的非流动负债"项目，反映企业非流动负债中将于资产负债表日后一年内到期部分的金额，如将于一年内偿还的长期借款。本项目应根据有关科目的期末余额分析填列。

（12）"长期借款"项目，反映企业向银行或其他金融机构借入的期限在一年以上（不含一年）的各项借款。本项目应根据"长期借款"科目的期末余额，扣除"长期借款"科目所属的明细科目中将在资产负债表日起一年内到期且企业不能自主地将清偿义务展期的长期借款后的金额计算填列。

（13）"应付债券"项目，反映企业为筹集长期资金而发行的债券本金及应付的利息。本项目应根据"应付债券"科目的期末余额分析填列。对于资产负债表日企业发行的金融工具，分类为金融负债的，应在本项目填列；对于优先股和永续债，还应在本项目下的"优先股"项目和"永续债"项目分别填列。

（14）"租赁负债"项目，反映资产负债表日承租人企业尚未支付的租赁付款额的期末账面价值。该项目应根据"租赁负债"科目的期末余额填列。自资产负债表日起一年内到期应予以清偿的租赁负债的期末账面价值，在"一年内到期的非流动负债"项目反映。

（15）"长期应付款"项目，应根据"长期应付款"科目的期末余额，减去相关的"未确认融资费用"科目的期末余额后的金额，以及"专项应付款"科目的期末余额填列。

（16）"预计负债"项目，反映企业根据或有事项等相关准则确认的各项预计负债，包括对外提供担保、未决诉讼、产品质量保证、重组义务以及固定资产和矿区权益弃置义务等产生的预计负债。本项目应根据"预计负债"科目的期末余额填列。企业按照《企业会计准则第22号——金融工具确认和计量》的相关规定，对贷款承诺等项目计提的损失准备，应当在本项目中填列。

（17）"递延收益"项目，反映尚待确认的收入或收益。本项目核算包括企业根据政府补助准则确认的应在以后期间计入当期损益的政府补助金额、售后租回形成融资租赁的售价与资产账面价值差额等其他递延性收入。本项目应根据"递延收益"科目的期末余额填列。本项目中摊销期限只剩一年或不足一年的，或预计在一年内（含一年）进行摊销的部分，不得归类为流动负债，仍在本项目中填列，不转入"一年内到期的非流动负债"项目。

（18）"递延所得税负债"项目，反映企业根据所得税准则确认的应纳税暂时性差异产生的所得税负债。本项目应根据"递延所得税负债"科目的期末余额填列。

（19）"其他非流动负债"项目，反映企业除以上非流动负债以外的其他非流动负债。本项目应根据有关科目期末余额，减去将于一年内（含一年）到期偿还数后的余额分析填列。非流动负债各项目中将于一年内（含一年）到期的非流动负债，应在"一年内到期的非流动负债"项目内反映。

3. 所有者权益项目的填列说明

（1）"实收资本（或股本）"项目，反映企业各投资者实际投入的资本（或股本）总额。本项目应根据"实收资本（或股本）"科目的期末余额填列。

（2）"其他权益工具"项目，反映资产负债表日企业发行在外的除普通股以外分类为权益工具的金融工具的期末账面价值，并下设"优先股"和"永续债"两个项目，分别反映企业发行的分类为权益工具的优先股和永续债的账面价值。

（3）"资本公积"项目，反映企业收到投资者出资超出其在注册资本或股本中所占的份额以及直接计入所有者权益的利得和损失等。本项目应根据"资本公积"科目的期末余额填列。

（4）"其他综合收益"项目，反映企业其他综合收益的期末余额。本项目应根据"其他综合收益"科目的期末余额填列。

（5）"专项储备"项目，反映高危行业企业按国家规定提取的安全生产费的期末账面价值。本项目应根据"专项储备"科目的期末余额填列。

（6）"盈余公积"项目，反映企业盈余公积的期末余额。本项目应根据"盈余公积"科目的期末余额填列。

（7）"未分配利润"项目，反映企业尚未分配的利润。本项目应根据"本年利润"科目和"利润分配"科目的余额计算填列。未弥补的亏损在本项目内以"-"号填列。

第三节　利润表

一、利润表概述

利润表，又称损益表，是反映企业在一定会计期间的经营成果的报表。

利润表可以反映企业在一定会计期间收入、费用、利润（或亏损）的金额和构成情况，为财务报表使用者全面了解企业的经营成果、分析企业的获利能力及盈利增长趋势、做出经济决策提供依据。

二、利润表的结构

利润表的结构有单步式和多步式两种。单步式利润表是将当期所有的收入列在一起，所有的费用列在一起，然后将两者相减得出当期净损益。我国企业的利润表采用多步式格式，即通过对当期的收入、费用、支出项目按性质进行归类，按利润形成的主要环节列示一些中间性利润指标，分步计算当期净损益，以便财务报表使用者理解企业经营成果的不同来源。

利润表一般由表头、表体两部分组成。表头部分应列明报表名称、编制单位名称、编制日期、报表编号和计量单位。表体部分为利润表的主体，列示了形成经营成果的各个项目和计算过程。

为了使财务报表使用者通过比较不同期间利润的实现情况，判断企业经营成果的未来发展趋势，企业需要提供比较利润表。为此，利润表金额栏分为"本期金额"和"上期金额"两栏分别填列。

三、利润表的编制方法

利润表编制的原理是"收入－费用＝利润"的会计平衡公式和收入与费用的配比原则。企业在生产经营中不断地取得各项收入，同时发生各种费用，收入减去费用的剩余部分为企业的盈利。如果企业经营不善，发生的生产经营费用超过取得的收入，超过部分为企业的亏损。将取得的收入和发生的相关费用进行对比，对比结果表现为企业的经营成果。企业将经营成果的核算过程和结果编成报表，即利润表。

（一）利润表项目的填列方法

我国一般企业利润表的主要编制步骤和内容如下。

第一步，以营业收入为基础，减去营业成本、税金及附加、销售费用、管理费用、研发费用、财务费用，加上其他收益、投资收益（或减去投资损失）、净敞口套期收益（或减去净敞口套期损失）、公允价值变动收益（或减去公允价值变动损失）、资产减值损失、信用减值损失、资产处置收益（或减去资产处置损失），计算出营业利润。

第二步，以营业利润为基础，加上营业外收入，减去营业外支出，计算出利润总额。

第三步，以利润总额为基础，减去所得税费用，计算出净利润（或净亏损）。

第四步，以净利润（或净亏损）为基础，计算出每股收益。

第五步，以净利润（或净亏损）和其他综合收益为基础，计算出综合收益总额。

利润表各项目均需填列"本期金额"和"上期金额"两栏"其中，"上期金额"栏内各项数字应根据上年该期利润表的"本期金额"栏内所列数字填列；"本期金额"栏内各期数字，除"基本每股收益"和"稀释每股收益"项目外，应当按照相关科目的发生额分析填列"如"营业收入"项目，根据"主营业务收入""其他业务收入"科目的发生额分析计算填列；"营业成本"项目，根据"主营业务成本""其他业务成本"科目的发生额分析计算填列。

（二）利润表主要项目的填列说明

（1）"营业收入"项目反映企业经营主要业务和其他业务所确认的收入总额。本项目应根据"主营业务收入"和"其他业务收入。科目的发生额分析填列。

（2）"营业成本"项目反映企业经营主要业务和其他业务所发生的成本总额。本项目应根据"主营业务成本"和"其他业务成本。科目的发生额分析填列。

（3）"税金及附加"项目，反映企业经营业务应负担的消费税、城市维护建设税、教育费附加、资源税、土地增值税、房产税、车船税、城镇土地使用税、印花税等相关税费。本项目应根据"税金及附加"科目的发生额分析填列。

（4）"销售费用"项目反映企业在销售商品过程中发生的包装费、广告费等费用，以及为销售本企业商品而专设的销售机构的职工薪酬、业务费等经营费用。本项目应根据"销售费用"科目的发生额分析填列。

（5）"管理费用"项目反映企业为组织和管理生产经营发生的管理费用。本项目应根据"管理费用"科目的发生额分析填列。

（6）"研发费用"项目，反映企业进行研究与开发过程中发生的费用化支出以及计入管理费用的自行开发无形资产的摊销。本项目应根据"管理费用"科目下的"研发费用"明细科目的发生额以及"管理费用"科目下"无形资产摊销"明细科目的发生额分析填列。

（7）"财务费用"项目反映企业为筹集生产经营所需资金等而发生的应予费用化的利息支出。本项目应根据"财务费用"科目的相关明细科目发生额分析填列。其中，"利息费用"项目反映企业为筹集生产经营所需资金等而发生的应予费用化的利息支出，应根据"财务费用"科目的相关明细科目的发生额分析填列；"利息收入"项目反映企业应冲减财务费用的利息收入，应根据"财务费用"科目的有关明细科目的发生额分析填列。

（8）"其他收益"项目反映计入其他收益的政府补助，以及其他与日常活动相关且计入其他收益的项目。本项目应根据"其他收益"科目的发生额分析填列。企业作为个人所得税的扣缴义务人，根据《中华人民共和国个人所得税法》收到的扣缴税款手续费，应作为其他与日常活动相关的收益在本项目中填列。

（9）"投资收益"项目，反映企业以各种方式对外投资所取得的收益。本项目应根据"投资收益"科目的发生额分析填列。如为投资损失，本项目以"-"号填列。

（10）"净敞口套期收益"项目反映净敞口套期下被套期项目累计公允价值变动转入当期损益的金额或现金流量套期储备转入当期损益的金额。本项目应根据"净敞口套期损益"科目的发生额分析填列。如为套期损失，本项目以"-"号填列。

（11）"公允价值变动收益"项目反映企业应当计入当期损益的资产或负债公允价值变动收益。本项目应根据"公允价值变动损益"科目的发生额分析填列。如为净损失，本项目以"-"号填列。

（12）"信用减值损失"项目反映企业按照《企业会计准则第22号——金融工具确认和计量》的要求计提的各项金融工具信用减值准备所确认的信用损失。本项目应根据"信用减值损失"科目的发生额分析填列。

（13）"资产减值损失"项目反映企业有关资产发生的减值损失。本项目应根据"资产减值损失"科目的发生额分析填列。

（14）"资产处置收益"项目反映企业出售划分为持有待售的非流动资产（金融工具、长期股权投资和投资性房地产除外）或处置组（子公司和业务除外）时确认的处置利得或损失，以及处置未划分为持有待售的固定资产、在建工程、生产性生物资产及无形资产而产生的处置利得或损失。债务重组中因处置非流动资产（金融工具、长期股权投资和投资性房地产除外）产生的利得或损失和非货币性资产交换中换出非流动资产（金融工具、长期股权投资和投资性房地产除外）产生的利得或损失也包括在本项目内。本项目应根据"资产处置损益"科目的发生额分析填列。如为处置损失，本科目以"-"号填列。

（15）"营业利润"项目反映企业实现的营业利润。如为亏损，本科目以"-"号填列。

（16）"营业外收入"项目，反映企业发生的除营业利润以外的收益，主要包括与企业日常活动无关的政府补助、盘盈利得、捐赠利得（企业接受股东或股东的子公司直接或间接的捐赠，经济实质属于股东对企业的资本性投入的除外）等。本项目应根据"营业外收入"科目的发生额分析填列。

（17）"营业外支出"项目反映企业发生的除营业利润以外的支出，主要包括公益性捐赠支出、非常损失、盘亏损失、非流动资产毁损报废损失等。本项目应根据"营业外支出"科目的发生额分析填列。

（18）"利润总额"项目反映企业实现的利润。如为亏损，本项目以"-"号填列。

（19）"所得税费用"项目反映企业应从当期利润总额中扣除的所得税费用。本项目应根据"所得税费用"科目的发生额分析填列。

（20）"净利润"项目反映企业实现的净利润。如为亏损，本项目以"-"号填列。

（21）"其他综合收益的税后净额"项目反映企业根据企业会计准则规定未在损益中确认的各项利得和损失扣除所得税影响后的净额。

（22）"综合收益总额"项目反映企业净利润与其他综合收益（税后净额）的合计金额。

（23）"每股收益"项目包括基本每股收益和稀释每股收益两项指标，反映普通股或潜在普通股已公开交易的企业，以及正处在公开发行普通股或潜在普通股过程中的企业的每股收益信息。

第四节　现金流量表

一、现金流量表概述

（一）现金流量表的含义

现金流量表是指反映企业在一定会计期间现金和现金等价物流入和流出的报表。现金流量表可以为报表使用者提供企业一定会计期间内现金和现金等价物流入和流出的信息，便于使用者了解和评价企业获取现金和现金等价物的能力，据以预测企业未来现金流量。

（二）现金流量表的内容

1.经营活动产生的现金流量

经营活动是指企业投资活动和筹资活动以外的所有交易或事项。对工商企业而言，经营活动流入的现金主要包括：销售商品、提供劳务收到的现金；收到的税费返还；收到的其他与经营活动有关的现金。经营活动流出的现金主要包括：购买商品、接受劳务支付的现金；支付给职工以及为职工支付的现金；支付的各项税费；支付的其他与经营活动有关的现金。

2. 投资活动产生的现金流量

投资活动是指企业长期资产的购建和不包括在现金等价物范围内的投资及其处置活动。其中的长期资产是指固定资产、在建工程、无形资产、其他资产等持有期限在一年或一个营业周期以上的资产。将"现金等价物范围内的投资"排除在外，是因为已经将"现金等价物范围内的投资"视同现金。现金流量表中，投资活动的特点是既包括实物资产投资，也包括金融资产投资；既包括对外投资活动，也包括对内投资活动。投资活动产生的现金流量是全过程的，是从投资开始到投资收回全过程的现金流量。

对工业企业而言，投资活动流入的现金主要包括：收回投资收到的现金；取得投资收益收到的现金；处置固定资产、无形资产和其他长期资产收回的现金净额；处置子公司及其他营业单位收到的现金净额；收到的其他与投资活动有关的现金。投资活动流出的现金主要包括：购建固定资产、无形资产和其他长期资产支付的现金；投资支付的现金；为取得子公司及其他营业单位支付的现金净额；支付的其他与投资活动有关的现金。

3. 筹资活动产生的现金流量

筹资活动是指导致企业资本及债务规模和构成发生变化的活动。这里所说的"资本"，包括实收资本（或股本）、资本溢价（或股本溢价）；这里的"债务"，是指企业对外举债所借入的款项，如发行债券、向金融企业借入款项以及偿还债务等，但应付账款、应付票据等商业应付款等属于经营活动，不属于筹资活动。

筹资活动流入的现金主要包括：吸收投资收到的现金；取得借款收到的现金；收到的其他与筹资活动有关的现金。筹资活动流出的现金主要包括：偿还债务支付的现金；分配股利、利润或偿还利息支付的现金；支付的其他与筹资活动有关的现金。

二、现金流量表的结构

现金流量表的基本结构分为两部分：第一部分为正表，第二部分为补充资料。正表有六项：一是经营活动产生的现金流量；二是投资活动产生的现金流量；三是筹资活动产生的现金流量；四是汇率变动对现金及现金等价物的影响；五是现金及现金等价物净增加额；六是期末现金及现金等价物余额。其中，经营活动产生的现金流量是按直接法编制的。补充资料有三项：一是将净利润调节为经营活动产生的现金流量，也就是说，要在补充资料中采用间接法报告经营活动产生的现金流量信息；二是不涉及现金收支的重大投资和筹资活动；三是现金及现金等价物净变动情况。

正表中的第一项经营活动产生的现金流量净额与补充资料中的第一项经营活动产生的现金流量净额应当相符。正表中的第五项与补充资料中的第三项存在钩稽关系，即正表中的数字是流入和流出的差额，补充资料中的数字是期末和期初数据的差额，计算依据不同，但结果应当一致，两者应当核对相符。

三、现金流量表的编制方法

在具体编制现金流量表时，可以采用工作底稿法或 T 型账户法，也可以直接根据有关账户记录分析填列。

（一）工作底稿法

采用工作底稿法编制现金流量表是以工作底稿为手段，以利润表和资产负债表数据为基础，对每一项进行分析并编制调整分录，从而编制现金流量表。

采用工作底稿法编制现金流量表的程序如下。

1. 将资产负债表的期初数和期末数过入工作底稿的期初数栏和期末数栏。

2. 对当期业务进行分析并编制调整分录。调整分录大体有三类：第一类涉及利润表中的收入、成本和费用项目及资产负债表中的资产、负债和所有者权益项目，通过调整，将权责发生制下的收入、费用转换为收付实现制；第二类涉及资产负债表和现金流量表中的投资、筹资项目，反映投资和筹资活动的现金流量；第三类涉及利润表和现金流量表中的投资和筹资项目，目的是将利润表中有关投资和筹资方面的收入和费用列入现金流量表的投资、筹资现金流量中去。此外，还有一些调整分录并不涉及现金收支，只是为了核对资产负债表项目的期末数变动情况。

在调整分录中，有关现金和现金等价物的事项并不直接借记或贷记现金，而是分别记入"经营活动产生的现金流量。"投资活动产生的现金流量""筹资活动产生的现金流量"有关项目，借记表明现金流入，贷记表明现金流出。

3. 将调整分录过入工作底稿中的相应部分。

4. 核对调整分录，借贷合计应当相等，资产负债表项目期初数加减调整分录中的借贷金额以后应当等于期末数。

5. 根据工作底稿中的现金流量表项目部分编制正式的现金流量表。

（二）T 型账户法

T 型账户法是以 T 型账户为手段，以利润表和资产负债表数据为基础，对每一项目进行分析并编制调整分录，从而编制现金流量表。

采用 T 型账户法编制现金流量表的程序如下。

1. 为所有的非现金项目（包括资产负债表项目和利润表项目）分别开设 T 型账户，并将各自的期末、期初变动数过入各该账户。

2. 开设一个大的"现金及现金等价物"T型账户，每边分为经营活动、投资活动和筹资活动三个部分，左边记现金流入，右边记现金流出。与其他账户一样，过入期末、期初变动数。

3. 以利润表项目为基础，结合资产负债表分析每一个非现金项目的增减变动，并据此编制调整分录。

4. 将调整分录过入各T型账户，并进行核对，该账户借贷相抵后的余额与原先过入的期末、期初变动数应当一致。

5. 根据大的"现金及现金等价物"T型账户编制正式的现金流量表。

第五节　所有者权益变动表

一、所有者权益变动表概述

所有者权益变动表是指反映构成所有者权益各组成部分当期增减变动情况的报表。所有者权益变动表既可以为财务报表使用者提供所有者权益总量增减变动的信息，也能为其提供所有者权益增减变动的结构性信息，特别是能够让财务报表使用者理解所有者权益增减变动的根源。

二、所有者权益变动表的结构

在所有者权益变动表上，企业至少应当单独列示反映下列信息的项目：①综合收益总额；②会计政策变更和差错更正的累积影响金额；③所有者投入资本和向所有者分配利润等；④提取的盈余公积；⑤实收资本、其他权益工具、资本公积、其他综合收益、专项储备、盈余公积、未分配利润的期初和期末余额及其调节情况。

所有者权益变动表以矩阵的形式列示：一方面，列示导致所有者权益变动的交易或事项，即所有者权益变动的来源，对一定时期所有者权益的变动情况进行全面反映；另一方面，按照所有者权益各组成部分（即实收资本、其他权益工具、资本公积、库存股、其他综合收益、盈余公积、未分配利润）列示交易或事项对所有者权益各部分的影响。

三、所有者权益变动表的编制方法

（一）所有者权益变动表项目的填列方法

所有者权益变动表各项目均需填列"本年金额"和"上年金额"两栏。

"上年金额。栏内各项数字，应根据上年度所有者权益变动表"本年金额。栏内所列数字填列。上年度所有者权益变动表规定的各个项目的名称和内容同本年度不一致的，应对上年度所有者权益变动表各项目的名称和数字按照本年度的规定进行调整，填入所有者权益变动表的"上年金额。栏内。

"本年金额"栏内各项数字一般应根据"实收资本（或股本）""其他权益工具""资本公积""库存股""其他综合收益""专项储备""盈余公积""利润分配""以前年度损益调整"科目的发生额分析填列。

企业的净利润及其分配情况作为所有者权益变动的组成部分，不需要单独编制利润分配表列示。

（二）所有者权益变动表的主要项目说明

1. "上年年末余额"项目

该项目反映企业上年资产负债表中实收资本（或股本）、其他权益工具、资本公积、库存股、其他综合收益、专项储备、盈余公积、未分配利润的年末余额。

2. "会计政策变更""前期差错更正"项目

这两个项目分别反映企业采用追溯调整法处理的会计政策变更的累积影响金额和采用追溯重述法处理的会计差错更正的累积影响金额。

3. "本年增减变动金额"项目

（1）"综合收益总额"项目，反映净利润和其他综合收益扣除所得税影响后的净额相加后的合计金额。

（2）"所有者投入和减少资本"项目，反映企业当年所有者投入的资本和减少的资本。

1）"所有者投入的普通股"项目，反映企业接受投资者投入形成的实收资本（或股本）和资本溢价或股本溢价。

2）"其他权益工具持有者投入资本"项目，反映企业发行的除普通股以外的分类为权益工具的金融工具的持有者投入资本的金额。

3）"股份支付计入所有者权益的金额"项目，反映企业处于等待期中的权益结算的股份支付当年计入资本公积的金额。

（3）"利润分配"项目，反映企业当年的利润分配金额。

（4）"所有者权益内部结转"项目，反映企业构成所有者权益的组成部分之间当年的增减变动情况。

1）"资本公积转增资本（或股本）"项目，反映企业当年以资本公积转增资本或股本的金额。

2）"盈余公积转增资本（或股本）"项目，反映企业当年以盈余公积转增资本或股本的金额。

3）"盈余公积弥补亏损"项目，反映企业当年以盈余公积弥补亏损的金额。

4）"设定受益计划变动额结转留存收益"项目，反映企业因重新计量设定受益计划净负债或净资产所产生的变动计入其他综合收益，结转至留存收益的金额。

5）"其他综合收益结转留存收益"项目，主要反映：第一，企业指定为以公允价值计量且其变动计入其他综合收益的非交易性权益工具投资终止确认时，之前计入其他综合收益的累计利得或损失从其他综合收益中转入留存收益的金额；第二，企业指定为以公允价值计量且其变动计入当期损益的金融负债终止确认时，之前由企业自身信用风险变动引起而计入其他综合收益的累计利得或损失从其他综合收益中转入留存收益的金额等。

第六节　财务报表附注

一、财务报表附注的意义

财务报表附注是对在资产负债表、利润表、现金流量表和所有者权益变动表等报表中列示项目的文字描述或明细资料，以及对未能在这些报表中列示项目的说明等。企业除定期编制财务报表向报表使用者提供会计信息外，还应本着充分披露的原则，在财务报表之外，另用附注的方式，用文字对报表有关项目作必要的解释，来帮助报表使用者理解财务报表的内容。财务报表附注的意义主要表现在以下三方面：

（一）有助于财务报表的使用者理解企业会计政策的选择

对于一项经济业务，可能存在不同的会计原则和会计处理方法，也就是说，有不同的会计政策可供选择。如果不说明财务报表中的这些项目是采用什么原则和方法确定的，就会给财务报表使用者理解财务报表带来一定的困难，因而需要在财务报表附注中加以说明。

（二）有助于财务报表使用者了解会计调整变动的原因、理由和对企业财务状况和经营成果的影响

例如，会计中的可比性原则，要求企业在不同会计期间采用相同的会计处理方法，否则，不同期间财务报表反映的会计信息就无法进行比较。但是坚持可比性原则，并不是说前后各期的会计处理方法永久不能变更。当会计工作为了适应经济环境的变化而必须做出会计处理方法变更时，应在财务报表附注中说明变更的原因及其对企业财务状况和经营成果的影响。当然，这种变更也应在我国《企业会计准则》的允许范围之内。

（三）有助于对财务报表重要项目的数据进行补充和说明

由于财务报表中所规定的内容具有一定的加固性和统一性，只能提供定量的财务信息，同时，列入财务报表的各项目都必须符合会计要素的定义和确认的标准，因此，财务报表反映的财务信息会受到一定的限制。通过财务报表附注，可以对财务报表不能包括的内容或者披露不详的内容作进一步的解释，起到补充和说明的作用。

二、财务报表附注的内容

财务报表附注是财务报告的重要组成部分，企业应当按照如下顺序披露有关内容。

（1）企业的基本情况

1）企业注册地、组织形式和总部地址。

2）企业的业务性质和主要经营活动。

3）母公司以及集团最终母公司的名称。

4）财务报告的批准报出者和财务报告的批准报出日，或者签字人及其签字日期。

5）营业期限有限的企业，还应当披露有关营业期限的信息。

（2）财务报表的编制基础

财务报表的编制基础是指财务报表是在持续经营基础上还是非持续经营基础上编制的。企业一般是在持续经营基础上编制财务报表，清算、破产属于非持续经营基础。

（3）遵循企业会计准则的声明

企业应当声明编制的财务报表符合企业会计准则的要求，真实、完整地反映了企业的财务状况、经营成果和现金流量等有关信息，以此明确企业编制财务报表所依据的制度基础。

（4）重要会计政策和会计估计

企业应当披露采用的重要会计政策和会计估计，不重要的会计政策和会计估计可以不披露。在披露重要会计政策和会计估计时，企业应当披露重要会计政策的确定依据和财务报表项目的计量基础，以及会计估计中所采用的关键假设和不确定因素。

会计政策的确定依据，主要是指企业在运用会计政策过程中所做的对报表中确认的项目金额最具影响的判断，有助于财务报表使用者理解企业选择和运用会计政策的背景，增加财务报表的可理解性。财务报表项目的计量基础，是指企业计量该项目采用的是历史成本、重置成本、可变现净值、现值还是公允价值，这直接影响财务报表使用者对财务报表的理解和分析。

在确认资产和负债账面价值的过程中，企业需要对这些资产和负债的影响加以估计，如企业预计固定资产未来现金流量采用的折现率和假设。这类假设的变动对这些资产和负债项目金额的确定影响很大，有可能会在下一个会计年度内做出重大调整，因此，强调这一披露要求，有助于提高财务报表的可理解性。

（5）会计政策和会计估计变更以及差错更正的说明

企业应当按照我国《企业会计准则第 28 号——会计政策、会计估计变更和差错更正》及其应用指南的规定，披露会计政策和会计估计变更以及差错更正的有关情况。

（6）报表重要项目的说明

企业对报表重要项目的说明，应当按照资产负债表、利润表、现金流量表、所有者权益变动表及其项目列示的顺序，采用文字和数字描述相结合的方式进行披露。报表重要项目的明细金额合计应当与报表项目金额相衔接，主要包括：应收款项、存货、长期股权投资、投资性房地产、固定资产、无形资产、职工薪酬、应交税费、短期借款和长期借款、应付债券、长期应付款、营业收入、公允价值变动收益、投资收益、资产减值损失、营业外收入、营业外支出、所得税费用、其他综合收益、政府补助、借款费用等重要项目。

（7）或有或承诺事项，资产负债表日后非调整事项、关联方关系及其交易等需要说明的事项

（8）有助于财务报表使用者评价企业管理资本的目标、政策及程序的信息

第八章　财务报表分析

财务报表分析，就是以财务报表为主要依据，采用科学的评价标准和适用的分析方法，遵循规范的分析程序，通过对企业的财务状况、经营成果和现金流量等重要指标的比较分析，从而对企业的财务状况、经营情况及其绩效作出判断、评价和预测的一项经济管理活动。通过本章学习，了解财务报表分析的基本方法；明确财务报表分析的基本程序；了解财务报表的趋势分析法；熟练利用财务比率分析法分析企业的偿债能力和盈利能力。

第一节　财务报表分析概述

一、财务报表分析的意义

财务报表分析，就是以财务报表为主要依据，采用科学的评价标准和适用的分析方法，遵循规范的分析程序，通过对企业的财务状况、经营成果和现金流量等重要指标的比较分析，从而对企业的财务状况、经营情况及其绩效作出判断、评价和预测的一项经济管理活动。

编制财务报表的目的在于提供有关企业经营成果、财务状况及其变动方面的信息，以便企业管理者和企业外界有关方面做出正确的经济决策。然而，财务报表作为一种历史性的文件，只是概括地反映了一个企业的经营成果、财务状况及其变动情况。企业的财务报表上，只有极少的绝对数字本身具有比较明确的意义。在许多情况下，如果孤立地去看报表上所列示的各类项目的金额，可能对报表使用者的经济决策没有多大的意义。对于报表使用者的决策来说，比较重要、有意义的资料是数字与数字之间的关系，以及这些数字从过去到现在的变动趋势与金额。财务报表分析的关键就在于揭示报表数字与数字之间的关系，并指出它们的变动趋势与金额，从而提高报表信息的决策相关性。

财务报表分析的意义可以从财务报表分析的主体或财务报表分析的服务对象——会计信息使用者角度进行考察。从财务报表分析的服务对象看，财务报表分析不仅对企业内部生产经营管理和职工职业决策有着重要作用，而且对企业外部使用者的投资决策、贷款决策、赊销决策，以及政府宏观决策与管理等也有着重要作用。

二、财务报表分析的基本方法

财务报表分析的方法是实现财务报表分析目标的手段。由于分析目标不同，在实际分析时必然要适应不同目标的要求，采用多种多样的分析方法。下面介绍几种常用的分析方法。

（一）比较分析法

1. 比较分析法的含义

俗话说"不怕不识货，就怕货比货"。财务报表分析中最常用的方法就是比较分析法。具体而言，比较分析法是指将实际达到的数据同特定的各种标准相比较，从数量上确定其差异，并进行差异分析或趋势分析的一种分析方法。

所谓差异分析，是指通过差异揭示存在的问题或找出差距，做出评价，并找出产生差异的原因及其对差异的影响程度，为今后改进企业的经营管理指引方向的一种分析方法。

所谓趋势分析，是根据一个企业连续几年的财务报表，比较各年有关项目金额的绝对数和相对数，以反映企业财务状况、经营状况和现金流量的变化趋势和变化规律，借以对企业的发展前景做出推断的一种分析方法。

因为差异分析和趋势分析都是建立在比较的基础上，所以统称为比较分析法。

2. 比较的形式

比较分析法有绝对数比较和相对数比较两种形式。

绝对数比较，即利用财务报表中两个或两个以上的绝对数进行比较，以揭示其数量差异。例如，企业上年的营业收入为 1 000 万元，今年的营业收入为 1 200 万元，则今年与上年的差异额为 200 万元。

相对数比较，即利用财务报表中有相关关系的数据的相对数进行对比，如将绝对数换算成百分比、结构比重、比率等进行比较，以揭示相对数之间的差异。比如，企业上年的营业收入为 1 000 万元，今年的营业收入为 1 200 万元，则今年比上年营业收入增长了20%，这就是利用百分比进行比较分析。对某些由多个个体指标组成的总体指标，可以通过计算每个个体指标占总体指标的比重进行比较，分析其构成变化和趋势，这就是利用结构比重进行比较分析。比如企业上年流动资产占资产总额的比重为30%，今年流动资产占资产总额的比重为50%，今年流动资产占资产总额的比重比上年增加了，说明企业资产的流动性增强，这就是利用结构比重进行比较分析的例子。还可以将财务报表中存在一定关系的项目数据组成比率进行对比，以揭示企业某一方面的能力，如偿债能力、营运能力等，这就是利用比率进行比较分析。

一般来说，绝对数比较通过差异数说明差异金额，但是没有表明变动程度；而相对数比较则可以进一步说明变动程度，在实际工作中，绝对数比较和相对数比较可以交互使用，以便通过比较做出更充分的判断和更准确的评价。

（二）比率分析法

比率是两数相比所得的值。任何两个数字都可以计算出比率，但是要使比率具有意义，计算比率的两个数字就必须具有相互联系。比如，一个企业的产品年产量和职工人数有关系，通过年产量和职工人数这两个数字计算出的比率，就可以说明这个企业的劳动生产率。在财务报表中，这种具有重要联系的相关数字比比皆是，可以计算出一系列有意义的比率，这种比率通常叫作财务比率。利用财务比率，包括一个单独的比率或者一组比率，以表明某一个方面的业绩、状况或能力的分析，就称为比率分析法。

比率分析法是财务报表分析中的一种重要方法。因为比率是由密切联系的两个或两个以上的相关数字计算出来的，所以通过比率分析，往往利用一个或几个比率就可以独立地揭示和说明企业某一方面的财务状况和经营业绩，或者说明某一方面的能力。比如，总资产报酬率可以揭示企业的总资产所取得的利润水平和盈利能力；投资收益率可以在一定程度上说明投资者的获利能力，如此等。

在比率分析法中应用的财务比率很多，为了有效应用，一般要对财务比率进行科学的分类。我国目前一般将财务比率分为三类，即偿债能力比率、获利能力比率和资产运用效果比率（亦称营运能力比率）。

（三）因素分析法

因素分析法也是财务报表分析常用的一种技术方法，它是指把整体分解为若干个局部的分析方法。企业的活动是一个有机整体，每个指标的高低，都受不止一个因素的影响。从数量上测定各因素的影响程度，可以帮助人们抓住主要矛盾，或者更有说服力地评价企业状况。

因素分析法具体又包括比率因素分解法和差异因素分解法。

1. 比率因素分解法

比率因素分解法是指把一个财务比率分解为若干个影响因素的方法。例如，资产收益率可以分解为资产周转率和销售利润率两个比率的乘积。在财务报表分析中，财务比率的分解有着特殊意义。财务分析中著名的"杜邦分析体系"就是比率因素分解法的代表。因此，许多学者认为，财务报表分析最重要的方法就是比率分析，包括比率的比较和比率的分解。

2. 差异因素分解法

为了解释比较分析中所形成差异的原因，需要使用差异因素分解法。例如，材料成本差异可以分解为价格差异和数量差异。差异因素分解法又可分为定基替代法和连环替代法两种。

（1）定基替代法

定基替代法是测定比较差异成因的一种定量方法。按照这种方法，需要分别用实际值替换影响因素的基数（可以是历史数、预算数等），以测定各因素对财务指标的影响。

（2）连环替代法

连环替代法是另一种测定比较差异成因的定量分析方法，是指首先确定影响综合性指标的各个因素，然后依次用实际数替换影响因素的基数，借以计算各项因素影响程度的一种方法。

连环替代法计算程序如下：

第一，以基数为计算基础。

第二，按照公式中所列因素的统一顺序，逐次以各因素的实际数替换其基数；每次替换后实际数就被保留下来；有几个因素就替换几次，直到所有因素都变成实际数为止；每次替换后都求出新的计算结果。

第三，将每次替换后的所得结果，与其相邻近的前一次计算结果相比较，两者的差额就是某一因素变动对综合经济指标变动的影响程度。

第四，计算各因素变动影响的代数和。这个代数和应等于被分析指标实际数与基数的总差异数。

三、财务报表分析的程序

财务报表分析是一个复杂的过程，为了有效地分析会计信息，使分析工作能够顺利进行并对分析过程中的判断做出恰当的评价，保证分析质量，有必要建立规范、合理的财务报表分析程序。

财务报表分析是一个不断研究和探索的过程，具体分析程序和内容是根据分析目的个别设计的，不存在唯一的分析程序，但是分析过程的一般程序仍具有一定程度的类似性。财务报表分析工作，一般应当按照以下程序进行：

（一）明确分析目的，确定分析方案

明确分析目标是财务报表分析的灵魂，财务报表分析过程始终是围绕着分析目标而进行的。分析目标确定之后，就应当根据分析目标确定分析的内容和范围，并明确分析的重点内容、分清主次和难易，并据此制定分析工作方案。工作方案一般包括：分析的目的和内容、分析人员的分工和职责、分析工作的步骤和完成各步骤的标准和时间等。

（二）收集、整理和核实资料

搜集、整理和核实资料是保障分析质量和分析工作顺利进行的基础性程序。在分析的技术性工作开始之前，首先应当收集和占有资料，切忌资料不完全就着手技术性的分析。整理资料是根据分析的目的和分析人员的分工，将资料进行分类、分组，并做好登记和保管工作，以便使用和提高效率。核实资料的目的是保证资料真实、可靠和正确无误。对企业财务报表以及其他相关资料要全面审阅，如发现有不正确或不具有可比性之处，应要求改正或剔除、调整；对无用的资料、真实可靠程度低的资料则应当舍弃不用。

（三）选择适宜的分析方法进行分析

分析方法的恰当与否，对分析的结果和分析的质量有重要影响。一般应根据分析的目标、内容选用适宜的分析方法。在分析过程中，对各项数据和原因作出判断，整个分析过程就是判断过程。分析结束后，要对分析的对象做出中肯评价，评价要态度鲜明，切忌模棱两可，莫衷一是。一般认为财务报表分析可以依次从财务报表质量分析、财务比率分析入手。

财务报表质量分析就是对资产负债表、利润表、现金流量表、股东权益变动表以及财务报表附注进行阅读和解读，借此评价财务报表所揭示的财务信息的质量。其中，对资产负债表分析着重分析资产的流动性和偿债能力，对利润表着重分析利润的实现过程及盈利的持久性和稳定性，对现金流量表着重分析企业现金流量的合理性，对所有者权益（股东权益）变动表着重分析股东权益增减变动情况。在对财务报表的解读过程中，首先应当判断企业财务报表是否恰当地反映了企业真实的经济状况，然后再分析有关项目的变动趋势。

在解读财务报表的基础上，分析人员应采用各种分析工具对企业综合状况进行分析，包括偿债能力分析、盈利能力分析和营运能力分析，从而对企业的财务状态有一个全面的认识。由于这一分析过程主要借勖有关财务比率进行，故可称为财务比率分析。

（四）撰写分析报告

财务分析报告是财务报表分析的成果总结，是财务报表分析人员对企业财务状况、财务成果和现金流量等意见的报告性书面文件。分析报告要对分析目的是否实现做出明确回答，评价要客观、全面、准确，要说明评价的依据。对分析的主要内容、选用的分析方法、采用的分析步骤也要作简明扼要的叙述，以备审阅分析报告的人了解整个分析过程。分析报告中还应当包括分析人员针对分析过程中发现的矛盾和问题，提出的改进措施或建议。

第二节　财务报表解读与趋势分析

对财务报表的分析过程首先是从解读财务报表入手的，在此基础上，再运用有关财务比率展开专项分析，最后再进行综合分析与评价。解读财务报表的目的一是判断财务报表的真实性、可靠性，二是了解财务报表上重要项目的增减变化情况，并进一步进行趋势分析和预测。为实现上述目标，通常采用的分析方法包括：

1. 利用比较分析法，计算资产负债表、利润表、现金流量表等有关项目的增减变化情况，借以考察企业财务状况、经营业绩及现金流量的变化情况。比较时可进行绝对数比较和相对数比较。

2. 通过编制比较资产负债表和比较利润表，对资产负债表和利润表进行结构分析。计算时，资产负债表以资产总额（负债和所有者权益总额）作为分母（100%），分别计算各项资产、负债、所有者权益项目占资产总额（负债和所有者权益总额）的比重，借以考察企业财务状况的结构和变化情况；利润表以营业收入作为分母（100%），分别计算其他各项收入、费用、利得、损失、利润等项目占营业收入的比重，借以考察企业经营业绩的结构和变化情况。

第三节　财务比率分析

一、偿债能力分析

偿债能力是指企业偿还到期债务（包括本息）的能力。偿债能力分析是债权人进行财务报表分析的主要目的。一般来说，企业的短期债权人主要对短期偿债能力感兴趣，长期债权人则主要关心企业的长期偿债能力。

反映企业偿债能力的主要指标有流动比率、速动比率、现金比率、资产负债率和已获利息倍数。其中前三个指标用于对短期偿债能力的分析，后两个指标则用于分析企业的长期偿债能力。

（一）流动比率

流动比率是企业流动资产总额与流动负债总额的比率。它通常表现为企业流动资产可偿付流动负债的倍数。计算公式为：

流动比率 = 流动资产 ÷ 流动负债

流动比率被广泛用于衡量企业短期偿债能力。在实务中，营运资金有时也被用于反映企业资产的短期流动性，营运资金是流动资产与流动负债的差额。但在评价企业短期偿债能力方面，流动比率要比营运资金优越，因为营运资金只表示企业流动资产与流动负债之间的绝对差额，当两个企业规模相差较大时，它们之间无法进行比较。而流动比率则表示流动资产与流动负债之间的相对比例关系，所以，在使用时不受企业规模的限制。该比率是预测企业发生财务失败的一种比较有效的手段。

流动比率达到多少是理想的，并没有一个统一的标准。传统观点认为流动比率为 2:1 是比较合理的，这样既达到一定的安全性，又充分利用了可能利用的资金来源。该比率过低，意味着企业的短期支付能力不足，缺乏应有的安全性；该比率过高，则表明企业资金没有得到充分利用。

应该注意的是，流动比率只是表示企业在一定时点的流动资产与流动负债的静态关系比率。但考察一个企业的财务状况如何，不能仅仅拘泥于该企业的流动比率，还要进一步关注企业的业务、经营周期的长短及流动资产的构成情况。在同一行业内，一个企业如果拥有太高的流动比率，可能预示着该企业流动资产管理水平低下，利用率较低。高流动比率虽可降低风险，但投资回报率也低。此外，流动资产的构成情况也是影响流动比率的一个重要因素，因为不同的流动资产变现能力不同。在流动资产中，如果存货和预付项目所占的比重较大，因其变现能力较差，虽然企业的流动比率较高，也只能说明其偿债能力不良。所以，在分析流动比率时，人们必须审慎核查流动资产和流动负债的明细构成项目，并需要考察另一个流动性比率指标——速动比率。

（二）速动比率

速动比率是企业速动资产与流动负债的比率，它是对企业短期偿债能力的更为严格的一种测试。由于流动资产包括变现能力慢的存货，它在反映企业短期流动性方面有一定的局限性，而速动比率则能衡量企业在不包含存货的情况下的短期偿债能力。在这里，速动资产仅指可以随时变现的资产，包括现金、交易性金融资产、应收账款和应收票据。其计算公式为：

速动比率 = 速动资产 ÷ 流动负债

因为在计算速动比率时应从流动资产中扣除变现能力较差的存货，而存货一般在流动资产中占比 50% 左右，所以通常认为速动比率为 1 是比较合适的，但在实际应用中还要考虑行业特点和企业经营的特殊性。

像使用流动比率一样，在运用速动比率时，也应当注意速动资产的构成项目。如果一个企业处于财务困境，它的存货和应收账款被抵押或者流动不畅，速动比率就不能真实地反映企业的短期偿债能力，此时，就需要考察另一个流动性比率指标——现金比率。

（三）现金比率

现金比率是现金类资产与流动负债的比率。计算公式为：

现金比率 = 现金类资产 ÷ 流动负债

公式中的现金类资产是指货币资金和现金等价物。现金比率是最严格、最稳健的短期偿债能力衡量指标，它反映企业随时还债的能力。现金比率过低，反映企业即期偿付债务存在困难；现金比率越高，表明企业可立即用于支付债务的现金类资产越多，偿还即期债务的能力较强。不过，现金比率也不宜过高。因为现金比率过高，可能表明企业不善于利用现金资源，没有把现金投入经营以赚取更多的利润，所以不鼓励企业保留更多的现金类资产。

在评价企业偿债能力时，一般来说现金比率重要性不大，因为不可能要求企业用现金和有价证券来偿付全部流动负债，企业也没有必要总是保持过多的现金和短期证券。但对于发生财务困难的企业，特别是企业的应收账款和存货的变现能力存在问题时，计算现金比率就显得非常重要。因为它表明在最坏情况下企业的短期偿债能力。

（四）资产负债率

资产负债率是企业负债总额与资产总额的比率，它表明债权人提供的资产在企业总资产中所占的百分比。它可以向债权人提供关于企业在不损害债权人权益的情况下规避损失的能力。计算公式为：

资产负债率 =（负债总额 ÷ 资产总额）× 100%=1- 股东权益比率

在通常情况下，在企业经营处于下降趋势的情况下，债权人希望企业的资产负债率越低越好，这样可以使他们的本金和利息收入得到保护。但就股票持有人而言，他们偏爱公司拥有较高的资产负债率，尤其是当公司热衷运用"财务杠杆"的时候。但过高的资产负债率可能会影响到企业吸收更多的外部资本的能力。债权人和股东一般都认为，过度运用财务杠杆的公司具有相对的不稳定性和更高的风险。

（五）已获利息倍数

已获利息倍数，也称利息保障倍数，是企业息税前利润与利息费用的比率。该指标常被用于评价公司用所赚取的收益支付利息费用的能力和债权人在公司投资的安全性。计算公式为：

已获利息倍数 =（利润总额 + 利息费用）÷ 利息费用

公式中的分母"利息费用"是指本期发生的全部应付利息，不仅包括利润表中财务费用项目中的利息费用，还应包括计入资产成本的资本化利息。

已获利息倍数反映了获利能力对债务偿付的保证程度，它既是企业举债经营的前提依据，也是衡量企业长期偿债能力大小的重要标志。由此可以得出这样的启示：若要维持正常的偿债能力，从长期看，已获利息倍数至少应当大于1，且比值越高，企业长期偿债能力一般也就越强；如果利息保障倍数过小，企业将面临亏损、偿债的安全性与稳定性下降的风险。当然，究竟企业已获利息倍数应为多少才算偿付能力强，这要根据往年经验结合行业特点来判断。

二、盈利能力分析

盈利能力是指企业资金增值的能力，它通常体现为企业收益数额的大小与水平的高低。企业所有者特别关心企业的获利情况与获利能力。利润表反映了企业在一定期间的经营成果，通过两期或多期利润表的比较，可以了解企业经营成果的变动趋势。企业所有者还希望评价企业的获利能力以及各期经营成果发生变动的原因，这就需要利用财务比率进行获利能力分析。

评价企业获利能力的指标很多，大致可以分成两类：企业收益指标和股东收益指标。其中反映企业收益能力的指标主要有毛利率和营业利润率等；反映股东盈利情况的指标主要有净资产报酬率、普通股每股收益、每股股利、股利支付率等。

（一）毛利率

毛利率是销售毛利与营业收入的比率。销售毛利是营业收入与营业成本之差。其计算公式如下：

毛利率 = 销售毛利 ÷ 营业收入 × 100%

销售毛利 = 营业收入 - 营业成本

上述公式主要反映企业商品生产、销售的获利能力。企业生产经营取得的收入扣除成本后有余额，才能用来抵补企业的各项费用。毛利是企业利润形成的基础，单位收入的毛利越高，抵补各项期间费用的能力越强，企业的获利能力也就越高；反之，则获利能力越低。

（二）营业利润率

营业利润率是企业营业利润和营业收入净额的比率。计算公式为：

营业利润率 = 营业利润 ÷ 营业收入净额 × 100%

该指标常用于衡量企业营业收入的获利能力，包括对销售过程成本和费用的控制能力。企业产品的营业成本和期间费用越低，营业收入的获利能力就越大。

（三）净资产报酬率

净资产报酬率有时也称净资产收益率、所有者权益报酬率（股东权益报酬率），它是利润净额除以所有者权益平均余额（股东权益平均余额）后的比率，这一比率反映所有者权益（股东权益）的剩余报酬。计算公式为：

净资产报酬率 = 净利润 ÷ 所有者权益平均余额 × 100%

公式中的所有者权益平均余额通常选择期初、期末所有者权益之和的平均数（简单平均）。该指标越高，表明企业给投资者带来的收益越高，企业资本的获利能力越强，对投资者越具吸引力；反之，则说明企业资本的获利能力较弱。

当企业实行举债经营，净资产报酬率高于资产报酬率时，说明该企业的财务杠杆运用良好。

净资产收益率是从所有者权益的角度来考核其获利能力的，因而它是被所有者关注的、对企业具有重大影响的指标。所有者投资于企业的最终目的是为了获取利润，净资产收益率直接关系到所有者权益的实现程度，因而是所有者最关心的问题。在杜邦财务分析体系中，净资产收益率被作为起点、核心和龙头分析指标。

（四）普通股每股收益

普通股每股收益或每股盈利是财务分析中最重要的比率之一。每股盈利的计算相当复杂，如果企业资本结构中没有可能稀释每股收益的证券，每股收益可以简单地通过净收益减去优先股股利除以发行在外的普通股加权平均股数进行计算。计算公式为：

普通股每股收益 =（净利润 - 优先股股利）÷ 流通在外的普通股平均股数

上式分母中，流通在外平均股数的计算，应考虑当年流通在外股数的变化，如发行新的普通股、分配股票股利、股票分割、购回本公司的普通股等。每股收益是评价上市公司获利能力的基本和核心指标，该指标反映了企业的获利能力，决定了股东的收益质量。每股收益值越高，企业的获利能力越强，股东的投资效益就越好，每一股份所获得的利润也越多；反之，则越差。另外，每股收益还是确定股票价格的主要参考指标。在其他因素不变的情况下，每股收益越高，该种股票的市价上升空间就越大；反之，股票的市价也会越低。

（五）普通股每股股利

普通股每股股利是指普通股股利总额与流通在外的普通股平均股数的比值。计算公式为：

普通股每股股利 = 普通股股利总额 ÷ 流通在外的普通股平均股数

普通股每股股利表明在某一时期内每股普通股股票能够分享多少实实在在的股利收益。公式中的分子通常采用现金股利而不考虑股票股利，因为大多数小股东的投资目的还是在于获得现金收益。该指标的值越高不仅能够体现出公司具有较强的获利能力，而且能引起股东的关注。

（六）股利支付率

股利支付率是指普通股每股股利与普通股每股收益的比率，又称股利发放率，用来衡量普通股当期的每股收益中有多大比例用于支付股利。计算公式如下：

股利支付率 = 普通股每股股利 ÷ 普通股每股收益

股利支付率越大，表明公司对股东发放的股利越多；反之，则表明股东得到的股利越少。该指标一般情况下应小于1，即公司当年赚取的收益不能分光吃净；但若以前年度累积盈余很多时，也可动用以前年度的盈余来分配股利，此时股利支付率可能会大于1。

三、营运能力分析

营运能力是指企业基于外部市场环境的约束，对内部资产综合运用的能力。营运能力反映了企业资产运转快慢，进行营运能力分析，对考核企业利用经济资源的有效性具有重要意义。

资产营运能力的强弱关键取决于周转速度。一般来说，周转速度越快，资产的使用效率越高，则资产营运能力越强；反之，营运能力就越差。反映周转速度的指标一般有两个：周转率（即周转次数）和周转期（周转天数）。所谓周转率即企业在一定时期内资产的周转额与平均余额的比率，它反映企业资金在一定时期内的周转次数。周转次数越多，周转速度越快，表明营运能力越强。周转率的倒数与计算期天数的乘积是周转期，它反映的是资产周转一次用多少天，周转期越短，表明周转速度越快，资产营运能力越强。

对资产营运能力的分析可分别从流动资产、固定资产、全部资产周转速度的快慢入手。

（一）对流动资产周转情况的分析

反映流动资产周转情况的指标主要有应收票据及应收账款周转率、存货周转率和流动资产周转率。

1. 应收票据及应收账款周转率

应收票据及应收账款周转率是考察企业控制应收票据及应收账款规模并将其转化为现金的效率。它是通过把营业收入除以会计期间内应收票据及应收账款的平均余额计算而来的，表现为应收账款周转的次数或周转天数。从理论上讲，这里的营业收入额应该是赊销净额，但是，财务报表的外部使用者无法取得这项数据，财务报表的内部使用者也未必容易取得该数据，因为在销售过程中，通常赊销与现销是混在一起的。另外，如果把现金销售视作收账时间为零的赊销，从理论上来讲也是可以的。只要保持历史的一贯性，使用销售净额来计算该指标一般不会影响其分析和利用价值，所以在计算时往往以营业收入净额来代替净赊销额。其计算公式为：

应收票据及应收账款周转率（次数）= 营业收入净额 ÷ 应收账款平均余额

应收票据及应收账款平均余额 =（期初应收票据及应收账款 + 期末应收票据及应收账款）÷ 2

应收票据及应收账款平均周转期（天数）= 计算期天数（如 360）÷ 应收票据及应收账款周转率

一般而言，应收票据及应收账款周转率越高越好，应收票据及应收账款平均收账期越短，表明企业占用在应收票据及应收账款上的资金越少，同时在财务分析中流动比率和速动比率也就具有较高的可信度。应收票据及应收账款周转率高说明收账迅速，账龄较短，可减少收账费用和坏账损失，从而相对增加企业流动资产的投资收益。

应收票据及应收账款平均收账期没有统一的标准，也很难树立一项理想的比较基础。企业应收票据及应收账款收现究竟为多少日才算合理，需视企业的信用政策而定，并应参考同业所制定的标准予以拟定。例如，如果企业的信用期是 30 天，那么应收票据及应收账款收现期就不应超过 30 天。如果超过了，就可能暗示其收现出了问题，应该采取一些措施防止收现期过长。

2. 存货周转率

存货周转率是确定存货销售快慢的比率，它是通过公司的营业成本除以存货平均余额计算的，表现为存货周转次数或周转天数。计算公式为：

存货周转率（次数）= 营业成本 ÷ 存货平均余额

存货平均余额 =（期初存货 − 期末存货）÷ 2

存货平均周转期（天数）= 计算期天数（如 360）÷ 存货周转率

一般而言，存货周转次数越高或存货平均周转天数越少，表明企业的存货管理水平越高，企业就可以在存货上投入较少的资金，而将有限的资金投入到其他的盈利项目中去，以便为企业带来更多的收益。但过高的存货周转率或过低的存货平均周转天数可能使企业因存货不足而增加缺货成本。

对存货周转率的分析还要与企业的生产周期结合起来。在企业扩张时期，存货的增加说明其销售情况好转，存货需求量大；但企业在萧条时期存货的增加可能说明其销售停滞导致产品积压。

因为存货周转率是以产品销售成本计算的，所以，存货的计价方法将会影响到存货周转率和流动比率的计算。当两个企业进行比较分析时，应该使用相同的存货计价方法。

应收票据及应收账款周转率和存货周转率是反映企业资产运用效果的最主要指标。但仅仅根据计算结果并不能说明这两个指标到底是高还是低，可以将计算期的指标与该企业前期、与行业平均水平或其他类似企业相比较，判断该指标的高低。

3. 流动资产周转率

流动资产周转率是流动资产在一定时期所完成的周转额（营业收入）与流动资产的平均占用额之间的比率。它是反映企业流动资产周转速度的指标。其计算公式为：

流动资产周转率（次数）= 营业收入净额 ÷ 流动资产平均占用额

流动资产平均占用额 =（期初流动资产 + 期末流动资产）÷2

流动资产平均周转期（天数）= 计算期天数（如 360）÷ 流动资产周转率

在一定时期内，流动资产周转次数越多，表明以相同的流动资产完成的周转额越多，流动资产利用效果越好。流动资产周转速度用天数表示时，周转一次所需要的天数越少，表明流动资产在经历生产和销售各阶段时所占用的时间越短。流动资产周转速度快，会相对节约流动资产，等于相对扩大资产投入，增加企业盈利能力；而延缓周转速度，需要补充流动资金参加周转，形成资金浪费，会降低企业的盈利能力。

（二）对固定资产周转情况的分析

对固定资产周转情况的分析是通过计算固定资产周转率来进行的。固定资产周转率是指企业年营业收入净额与固定资产的平均净值之间的比率。它是反映企业固定资产周转状况，从而衡量企业对固定资产利用效率的一项指标。其计算公式为：

固定资产周转率 = 营业收入净额 ÷ 固定资产平均净值

固定资产平均净值 =（期初固定资产净值 + 期末固定资产净值）÷2

固定资产周转率越高，表明企业固定资产利用充分，同时也能表明企业固定资产投资得当，固定资产结构合理，能够充分发挥效率；反之，如果固定资产周转率不高，则表明固定资产使用效率不高，提供的生产经营成果不多，固定资产的生产能力存在一定的闲置。

由于计算固定资产周转率时用的是固定资产净值，因此，在计算这一指标时，需要考虑因计提折旧对指标计算的影响，比如由于折旧方法的不同，可能影响该指标的可比性。另外还要考虑由于计提折旧，固定资产净值不断减少，即使在销售收入没有增加的情况下，该指标也会不断增高；或者由于更新重置，即使销售收入有较大增加，但由于固定资产净值大幅增加，该指标可能反而会下降，这些因素都会影响到对该指标的应用，甚至使人产生误解。这时，应将固定资产净值的增加幅度与营业收入净额的增加幅度进行对比，以便做出正确的评价。

（三）对总资产周转情况的分析

对总资产周转情况的分析是通过总资产周转率这一指标进行的。总资产周转率是企业营业收入净额与资产总额的比率，其反映的是企业对总资产的利用效率。计算公式为：

总资产周转率 = 营业收入净额 ÷ 资产平均占用额

与流动资产周转率和固定资产周转率一样，在计算总资产周转率时，资产平均占用额应按分析期的不同分别加以确定，并应当与分子中的营业收入净额在时间上保持一致。

总资产周转率反映的是企业全部资产的使用效率，如果这个比率较低，说明企业利用全部资产进行生产经营的效率较差，这最终会影响企业的盈利能力。

上述流动资产周转率、固定资产周转率和总资产周转率三个指标用于衡量企业运用资产赚取收入的能力，经常和反映盈利能力的指标结合在一起使用，可全面评价企业的盈利能力。

第九章　会计工作组织

第一节　组织会计工作的意义与要求

一、组织会计工作的意义

会计工作的组织，主要是根据会计工作特点，通过设置会计机构，配备会计人员，制定与执行会计规章制度，实施与改进会计工作的技术手段，进行会计工作与其他经济管理工作之间的协调，以保证合理、有效地进行会计工作。

会计工作是一项综合性、政策性、严密性都很强的经济管理活动，科学合理地组织会计工作，对于实现会计目标，发挥会计职能作用具有重要的意义。

（一）科学合理地组织会计工作，有利于提高会计工作的效率和质量

会计反映的是社会再生产过程中各个阶段以货币表现的经济活动，具体可表现为循环往复的资金运动。会计工作要把这些经济活动从取得、编制凭证到登记账簿再到编制报表，持续地进行确认、计量、记录、计算、汇总和分析等，这不但涉及复杂的计算，而且包括一系列的程序和手续。各个程序之间、各种手续之间联系密切，任何一个环节出现问题都会造成整个核算结果错误，影响会计工作的顺利进行和核算结果的准确性。如果没有一套工作制度和程序，就不能科学地组织会计工作，更谈不上什么效率了，所以科学合理地组织好会计工作，建立健全会计机构，配备合理的会计人员和不断完善会计法规体系，是提高会计信息质量，提高会计工作效率的重要保证。

（二）科学合理地组织会计工作，有利于协调会计工作与其他经济管理工作的关系，充分发挥会计的职能和作用

会计工作不但与宏观经济（如国家财政、税收、金融等）密切相关，而且与各单位内部的计划、统计、内部审计等工作密切相关。它们在共同的目标之下相互影响、相互促进、相互配合。会计工作必须首先服从国家的宏观经济政策。只有按照一定的要求科学地组织会计工作，才能处理好会计工作同其他经济管理工作的关系。

（三）科学合理地组织会计工作，有利于巩固与健全单位内部经济责任制，促进经济效益的提高

经济责任制是各经营单位实行内部控制和管理的重要手段，会计作为经济管理的重要组成部分，无疑要在贯彻经济责任制方面发挥重要作用。实行内部经济控制离不开会计，科学地组织会计工作可以促进单位内部各部门更好地履行自己的经济责任，有效地利用资金，增收节支，提高管理水平，从而提高经济效益，为企业尽可能地创造利润，获得最佳的资金使用效果。

（四）科学地组织会计工作，能够充分发挥会计监督的作用

会计工作是一项政策性很强的工作，具有认真贯彻国家有关方针、政策和法令、制度，并揭露制止一切违法乱纪行为的重要任务。因此，正确、科学地组织会计工作，充分发挥会计监督职能，对于贯彻执行国家的方针、政策和法令、制度，维护财经纪律，建立良好的社会经济秩序具有十分重要的意义。

二、组织会计工作应遵循的要求

组织会计工作应遵循的要求，是指组织会计工作必须遵循的管理工作的一般规律。它是做好会计工作，提高会计工作质量和效率必须遵守的原则。合理组织会计工作，应遵循以下几项基本要求。

（一）既要符合国家对会计工作的统一要求，又要适应各单位生产经营的特点

合理组织会计工作，必须按照《中华人民共和国会计法》对会计工作的统一要求，贯彻执行国家的有关规定。只有按照统一要求组织会计工作，才能发挥会计工作在维护社会市场经济秩序、加强经济管理、提高经济效益中的作用。因而，遵守国家统一的规定是组织会计工作的首位要求。

此外，每个单位的经济活动各有特点，规模大小不一，业务繁简程度不等，对会计的信息要求也不尽相同。因此组织会计工作，要在符合国家统一规定的前提下，结合各单位的自身特点和内部管理的需要，制定具体办法和补充规定等，才能对本单位的会计工作做出切合实际的安排，以利于加强管理，使会计真正成为经济管理工作的一个组成部分。

（二）必须符合精简节约原则，既要保证核算工作的质量，又要节约人力、物力，提高工作效率

会计工作十分复杂，如果组织不好，就会重复劳动，造成资源浪费。故对会计管理程序的规定，所有会计凭证、账簿、会计报告的设计，会计机构的设置以及会计人员的配置等，都应避免烦琐、力求精简，更好地发挥会计职能的作用。

（三）既要保证贯彻整个单位的经济责任制，又要建立会计工作的责任制度

科学地组织会计工作，应在保证贯彻整个企业单位的经济责任制的同时，建立和完善会计工作本身的责任制度，合理分工，建立会计岗位，实现会计处理手续和会计工作程序的规范化。

第二节 会计机构

企业、事业、机关、团体等单位会计机构的设置，必须满足社会经济对会计工作的要求，并且应与国家的会计管理体制相适应。自 2000 年 7 月 1 日起修订实施的《中华人民共和国会计法》明确规定：国务院财政部门主管全国的会计工作，县级以上地方各级人民政府财政部门管理本行政区域内的会计工作。为此，财政部设有会计事务管理专职机构。该机构的主要职责是：负责制定和组织实施全国性的会计法令、规章、准则和制度；负责了解、检查会计工作情况，总结交流会计工作经验，研究、拟订和改进会计工作的措施，制定全国会计人员的业务培训规划，管理全国会计人员的技术职称工作等。各省、市、自治区的财政部门一般也设有相应的会计事务管理办事机构，管理本地区的会计工作。中央和地方的各级业务主管部门一般也设有财务会计机构，负责管理本单位的会计工作。所以，我国会计工作在管理体制上实行"统一领导，分级管理"的原则。

一、会计机构的设置

会计机构是直接从事和组织领导会计工作的职能部门。建立和健全各单位的会计机构是保证会计工作正常进行、充分发挥会计管理作用的重要条件。

各个企业、行政事业单位原则上都必须设立专职的会计工作机构。由于会计工作与财务工作都是综合性的经济管理工作，因而它们的关系十分紧密。在我国实际工作中，通常把处理财务和会计工作的机构合并为一个部门，称为财务处、科、股、组等，具体视企业、单位组织规模大小而定。设置合理的会计机构，建立健全会计工作岗位责任制，对每一项会计工作都应定人定岗，专人负责。对会计工作的管理分工，还必须体现内部牵制制度的要求，建立稽核制度，有利于防止和发现工作中的差错、失误和弊端。

除上述情况外，我国有关法规还规定：

1. 不具备单独设置会计机构条件的单位，应在有关机构中配备专职会计人员，并指定会计主管人员。

2. 没有设置会计机构和配备专职会计人员的单位，应当委托经批准设立从事会计代理记账业务的中介结构（如会计师事务所或持有代理记账许可证的其他代理记账机构）代理记账。

二、会计工作的组织方式

会计工作的组织形式应根据企业的具体情况不同分为集中核算和非集中核算两种。

集中核算组织方式，就是指企业经济业务的明细核算、总分类核算、会计报表编制和各有关项目的分析考核等会计工作，集中由厂级会计部门进行。其他职能部门、车间、仓库的会计组织和会计人员，只负责登记原始凭证和填制原始凭证，经初步整理后，为厂级会计进一步核算提供资料。实行集中核算组织方式可以减少核算层次，精简会计人员。

非集中核算又称分散核算组织方式，就是其他职能部门、车间、仓库的会计组织或会计人员在厂部会计部门的指导和监督下，分别进行与其业务有关的凭证整理、明细分类核算、有关会计报表，特别适应企业内部单位日常管理需要的内部报表的编制和分析。但总分类核算、全厂性会计报表的编制和分析仍由厂级会计部门集中进行。实行非集中核算组织形式，有利于各业务部门和车间及时地利用核算资料进行日常的分析和考核，因地制宜地解决生产经营上的问题。

一个单位实行集中核算还是非集中核算组织形式，主要取决于本身经营管理的需要。集中核算与非集中核算是相对的，而不是绝对的。在一个单位内部，对各个业务部门可以根据管理的要求，分别采用集中核算和非集中核算。况且，集中核算和非集中核算的具体内容和方法也可以不一定完全相同。但是，无论采用哪种组织形式，各单位对外的货币性资产收付、物资购销和债权债务的结算都应由会计部门集中统一办理。

三、会计工作岗位的设置

会计工作的岗位，就是在财务会计机构的内部按照会计工作的内容和会计人员的配备情况，进行管理的分工，使每项工作都有专人负责，每位会计人员都能明确自己的职责。

1. 会计工作岗位的基本状况

为了科学地组织会计工作，应建立健全会计部门内部的岗位责任制，将会计部门的工作分成若干个岗位，并为每个岗位规定职责和要求，使每一项会计工作都有专人负责，每一个会计人员都明确自己的职责。在大中型企业一般按工作内容分设专业职能组，每个组的职责和要求是：

（1）综合组。负责总账的登记，并与有关的日记账和明细账相核对；进行总账余额的试算平衡，编制资产负债表，并与其他会计报表进行核对；保管会计档案，进行企业财务情况的综合分析，编写财务情况说明书；进行财务预测，制定或参与制定财务计划，参与企业生产经营决策。

（2）财务组。负责货币资金的出纳、保管和日记账的登记；审核货币资金的收付凭证；办理企业与供应、购买等单位之间的往来结算；监督企业贯彻执行国家现金管理制度、结算制度和信贷制度的情况；分析货币资金收支计划和银行借款计划的执行情况，制订或参与制订货币资金收支和银行借款计划。

（3）工资核算组。负责计算职工的各种工资和奖金；办理职工的工资结算，并进行有关的明细核算，分析工资总额计划的执行情况，控制工资总额支出；参与制定工资总额计划。在由各车间、部门的工资员分散计算和发放工资的组织方式下，还应协助企业劳动工资部门负责指导和监督各车间、部门的工资计算和发放工作。

（4）固定资产核算组。负责审核固定资产购建、调拨、内部转移、租赁、清理的凭证；进行固定资产的明细核算，参与固定资产清查；编制有关固定资产增减变动的报表，分析固定资产和固定资金的使用效果，参与制订固定资产重置、更新和修理计划，指导监督固定资产管理部门和使用部门的固定资产核算工作。

（5）材料核算组。负责审核材料采购的发票、账单等结算凭证，进行材料采购、收发、结存的明细核算；参与库存材料清查；分析采购资金使用情况、采购成本超支、节约情况和储备资金占用情况，参与控制材料采购成本和材料资金占用；参与制定材料采购资金计划和材料计划成本；指导和监督供应部门、材料仓库和使用材料的车间部门的材料核算情况。

（6）成本组。会同有关部门建立健全各项原始记录、消耗定额和计量检验制度；改进成本管理的基础工作；负责审核各项费用开支；参与自制半成品和产成品的清查；核算产品成本，编制成本报表；分析成本计划执行情况；控制产品成本和生产资金占用；进行成本预测，制定成本计划，配合成本分口分级管理将成本指标分解、落实到各部门、车间、班组；指导、监督和组织各部门、车间、班组的成本核算和厂内经济核算工作。

（7）销售和利润核算组。负责审核产成品收发、销售和营业收支凭证；参与产成品清查；进行产成品、销售和利润的明细核算；计算应交税金，进行利润分配，编制损益表；分析成品资金占用情况，销售收入、利润及其分配计划的执行情况；参与市场预测，制定或参与制定销售和利润计划。

（8）资金组。负责资金的筹集、使用、调度。随时了解、掌握资金市场动态，为企业筹集资金以满足生产经营活动的需要，要不断降低资金成本，提高资金使用的经济效益。还应负责编制财务状况变动表或现金流量表。

2. 会计工作岗位的人员落实

会计工作岗位应逐个落实在上述各组中，可以一人一岗、一人多岗或一岗多人，但出纳人员不得兼管稽核、会计档案保管和收入、费用、债权债务账目的登记工作。按照内部牵制制度规定，会计工作岗位设置中不相容的业务不得由同一会计人员执行。记账人员与经济业务事项和会计事项的审批人员、经办人员、财物保管人员的职责权限应当明确，并相互分离、相互制约。这是保护企业、单位财产安全、完整，会计人员顺利工作的必要前提条件。

另外，在会计工作岗位设定后，会计人员的工作岗位应当有计划地分期地进行轮换。这样，一方面能使会计人员较多地熟悉本单位内部的各项核算工作，使其具有较强的综合工作能力；另一方面还可以促使各岗位会计人员相互配合、协调工作，发挥团队作用。

第三节　会计人员

为了充分发挥会计的职能作用，完成会计工作任务，各企业、单位的会计机构，都必须根据实际需要合理配备会计人员。为了充分调动会计人员的工作积极性，国家规定了会计人员的职责，并赋予相应的权限，对符合规定条件的还授予专业技术职称。

一、会计人员的职责

会计人员的主要职责包括以下五个方面：

1. 进行会计核算

会计人员应按照会计制度的规定，切实做好记账、算账、报账等会计核算工作。必须根据实际发生的经济业务事项认真填制和审核原始凭证，编制记账凭证，登记账簿，正确计算各项收入、支出、成本、费用、财务成果。按期结算、核对账目、进行财产清查、编制财务会计报告，保证账证相符、账账相符、账实相符，手续完备，数字真实。

2. 实行会计监督

通过会计工作，对本单位的各项经济业务和会计手续的合法性、合理性进行监督。对不真实、不合法的会计事项，会计人员应拒绝办理或者按照职权予以纠正。对重大经济业务事项，如重大的对外投资、资产处置、资金调度等的决策和执行的相互监督、相互制约程序应当明确；对财产清查的范围、期限和组织程序也应当明确；对于账簿记录与实物、款项不符的问题，应按有关规定进行处理或及时向本单位领导人报告；对会计资料定期进行内部审计的办法和程序应当明确。此外，各单位必须按照法律和国家有关规定，接受财政、审计、税务机关的监督，如实提供会计凭证、会计账簿、财务会计报告和其他会计资料以及有关情况，不得拒绝、隐匿、谎报。

3. 拟定本单位办理会计事务的具体办法

根据国家的法规、财政经济方针政策和上级的有关规定以及本单位的具体情况，拟订本单位办理会计事务的具体办法。如会计人员岗位责任制度、内部稽核制度、内部牵制制度、财产清查制度和成本计算方法，等。

4. 参与制订经济计划、业务计划，编制预算和财务计划，考核分析其执行情况

财务会计部分应负责制定财务计划、预算。财会人员应根据会计资料结合统计核算、财务核算等有关资料，考核分析财务计划、预算的执行情况，检查成本、费用升降和盈亏形成的原因，总结经验，揭露问题，并提出改进的建议和措施，促使有关部门改善经营管理。此外，财会人员还应参与拟订本单位的其他经济计划和业务计划，应以掌握的系统的、翔实的会计数据资料，为加强经济核算提供重要依据，在经济管理的各个方面发挥其应有的作用。

5. 办理其他会计事项

其他会计事项是指上述各项尚未包括的其他会计业务。如，协助企业其他管理部门做好企业管理的基础工作，搞好企业、单位管理人员的财会知识的培训，等。

二、会计人员的主要权限

为了保障会计人员顺利地履行其职责，国家在明确会计人员职责的同时，也赋予了必要的权限。

1. 会计人员有权要求本单位有关部门、人员认真执行国家批准的计划、预算

会计人员有督促本单位有关部门严格遵守国家财经纪律和财务会计制度；如果本单位有关部门有违反国家法规的情况，会计人员有权拒绝付款、拒绝报销或拒绝执行，并及时向本单位领导或上级有关部门报告。

2. 会计人员有权参与本单位编制计划、制订定额、对外签订经济合同，参加有关的生产、经营管理会议和业务会议

会计人员有权以其特有的专业地位参加企业的各种管理活动，了解企业的生产经营情况，并提出自己的建议。企业领导人和有关部门对会计人员提出的财务开支和经济效益方面的问题和意见，要认真考虑，合理的意见要加以采纳。

3. 会计人员有权对本单位各部门进行会计监督

会计人员有权监督、检查本单位有关部门的财务收支、资金使用和财产保管、收发、计量、检验等情况，本单位有关部门要大力协助会计人员的工作。

为了保障会计人员行使工作权限，各级领导和有关部门要支持会计人员正确地使用工作权限。同时，会计人员也应做好广泛的宣传解释工作，以取得更好的成效。

三、会计人员的任职要求

（一）会计人员的任职资格

会计人员的任职要求是对会计工作各级岗位人员业务素质的基本规定。具体内容可体现为以下几个方面：

1. 对从事会计工作人员的任职要求

对从事会计工作人员的任职要求，即各企业、单位应当根据会计业务的需要配备取得会计从业资格的会计人员；未取得会计从业资格的人员，一律不得从事会计工作。会计资格证是会计人员从事会计工作的"准入证"或"通行证"，从事会计工作必须持证上岗。

2. 对会计机构负责人、会计主管人员的任职要求

会计机构负责人、会计主管人员是一个单位内具体负责会计工作的中层领导人员，负有组织、管理本单位所有会计工作的责任，其工作水平的高低、工作质量的好坏，直接关系到整个单位的会计工作的水平和质量。会计机构负责人、会计主管人员应具备的基本条件有：（1）坚持原则，廉洁奉公；（2）具有会计师以上专业技术职务资格或从事会计工作三年以上经历，必须具有一定的实践经验；（3）熟悉国家财经法律、法规、规章制度和方针政策，掌握财务会计理论及本行业业务管理的有关专业知识；（4）必须具备一定的领导才能和组织能力，包括协调能力、综合分析能力，等；（5）必须有较好的身体情况，以适应和胜任本职工作。

3. 对总会计师的任职要求

总会计师是企业单位经济核算和财务会计工作的行政领导成员，协助单位主要行政领导人工作，直接对单位主要行政领导人负责。总会计师是一个行政职位，而不是会计专业技术职务。但总会计师必须是取得会计师任职资格，主管一个单位或单位内一个重要方面的财务会计工作时间不少于三年的会计人员。

对于总会计师，根据《总会计师条例》的规定，担任总会计师，应当具备以下条件：（1）坚持社会主义方向，积极为社会主义市场经济建设和改革开放服务；（2）坚持原则，廉洁奉公；（3）取得会计师以上专业技术资格后，主管一个单位或单位内一个重要方面的财务会计工作不短于三年；（4）要有较高理论、政策水平，熟悉国家财经法律、法规、方针、政策和制度，掌握现代化管理的知识；（5）具备本行业的基本业务知识，熟悉行业情况，有较强的组织领导能力，以及其他基本要求等。

总会计师的基本职责基本包括：（1）负责组织本单位编制和执行预算、财务收支计划、信贷计划，拟订资金筹措和使用方案，开辟财源，有效地使用资金；（2）负责进行成本费用预测、计划、控制、核算、分析与考核，督促本单位有关部门降低消耗、节约费用、提高经济效益;(3)负责建立健全经济核算制度,利用财务会计资料进行经济活动分析;(4)负责对本单位财会机构的设置和会计人员的配备、会计专业职务的设置和聘任提出方案,组织会计人员的业务培训和考核,支持会计人员依法行使职权;(5)协助单位主要领导对企业的生产经营、基建投资等问题做出决策,参与新产品开发、技术改造、科技研究、商品价格和工资奖金等方案的制订,参与重大经济合同和经济协议的研究、审查。

(二)会计专业职务

为了充分调动会计人员的积极性和创造性,国家从 1992 年 8 月起,试行会计人员专业技术职务任职资格考试制度。会计专业技术职务分别定为:高级会计师、中级会计师、初级会计师。各级专业职务的基本要求是:

1.初级会计师。初级会计师应掌握一般的财务会计理论和业务知识,熟悉并执行有关的财经方针、政策和财务会计法规、制度,能担负一个方面或某个重要岗位的财务会计工作,具有规定学历和专业工作经历。

2.中级会计师。会计师应较系统地掌握财务会计基础理论和专业知识,掌握并能贯彻执行有关的财经方针、政策和财务会计法规、制度,具有一定的财务会计工作经验,能担任一个单位或管理一个地区、一个部门、一个系统某个方面的财务会计工作,具备规定学历和专业工作经历。

3.高级会计师。高级会计师应较系统地掌握经济、财务会计理论和专业知识,具有较高的政策水平和丰富的财务会计工作经验,能担任一个地区、一个部门、一个系统的财务会计管理工作,具有规定学历和工作经历。

会计人员除应当具备上述必要的专业知识和专业技能外,国家法规还规定:会计人员应当按照国家有关规定参加会计业务的培训;各单位应当合理安排会计人员培训,保证会计人员每年有一定时间用于学习和参加培训。

(三)注册会计师任职要求

注册会计师是指经国家批准依法独立执行会计查账验证业务和会计咨询业务的人员。注册会计师并不直接从事会计工作,而是对企业、单位的会计工作提供咨询、验证。其工作机构称为会计事务所。

根据《中华人民共和国注册会计师条例》的规定,申请担任注册会计师的人员,需具备规定的学历和一定的实际工作经验,经全国统一考试合格,由财政部门批准注册后,才能从事注册会计师工作。

四、会计人员的职业道德

会计人员的职业道德,是指会计人员从事会计工作应当遵循的道德标准。会计人员在会计工作中应当遵守职业道德,树立良好的职业品质和严谨的工作作风,严守工作纪律,努力提高工作效率和工作质量。关于会计人员的职业道德，财政部发布的《会计基础工作规范》专门对会计人员的职业道德问题作出了规定，主要包括以下几点。

1. 敬业爱岗。会计人员应当热爱本职工作，努力钻研业务，使自己的知识和技能适应所从事工作的要求。

2. 熟悉法规。会计人员应当熟悉财经法律、法规、规章和国家统一会计制度，并结合会计工作进行广泛宣传。

3. 依法办事。会计人员应当按照会计法律、法规和国家统一会计制度规定的程序和要求进行会计工作，保证所提供的会计信息合法、真实、准确、及时、完整。

4. 客观公正。会计人员办理会计事务应当实事求是、客观公正。

5. 搞好服务。会计人员应当熟悉本单位的生产经营和业务管理情况，运用掌握的会计信息和会计方法，为改善单位内部管理、提高经济效益服务。

6. 保守秘密。会计人员应当保守本单位的商业秘密，除法律规定和单位领导人同意外，不能私自向外界提供或者泄露单位的会计信息。

《会计基础工作规范》同时要求财政部门、业务主管部门和各单位应当定期检查会计人员遵守职业道德的情况，并作为会计人员晋升、晋级、聘任专业职务、表彰奖励的重要考核依据。会计人员违反职业道德的，由所在单位进行处罚，情节严重的，由会计证发证机关吊销其资格证书。

第四节　会计法规制度

一、会计法规制度的作用

会计法规制度是指组织和从事会计工作，处理会计事务必须遵循的法律、原则、程序和方法的总称。建立、健全并实行会计法规制度，可以保证会计工作贯彻执行党和国家有关的财经方针、政策，保证会计工作沿着市场经济方向正确运行；可以保证会计指标在全国范围内口径一致，以便于会计资料的汇总和利用，满足国民经济管理和综合平衡的需要；可以使各单位会计机构提供的会计资料和会计信息真实、及时、有用、可靠，更好地满足各个方面的需要，更圆满地完成会计的任务。

我国的会计法规制度是一个以《中华人民共和国会计法》为中心，《企业会计准则》和《企业会计制度》为补充的较为完备的会计法规制度体系。

二、会计法规制度体系

我国会计法规制度体系主要包括会计法、会计准则和会计制度等会计核算方面的法规。

（一）会计法

我国的会计法，即《中华人民共和国会计法》（以下简称"会计法"），是会计工作的基本法。会计法由全国人民代表大会常务委员会制定，以国家主席令的形式发布，是我国从事会计工作、办理会计事务的法律规范，是拟定各项会计法规、制度的法律依据。因此，会计法也被称为是一切会计法规制度的"母法"或根本大法。

《中华人民共和国会计法》于1985年1月21日由第六届全国人民代表大会常务委员会第九次会议通过，并于当日由中华人民共和国主席令第21号发布，自1985年5月1日起施行。为适应我国社会主义市场经济的发展和深化改革的需要，1993年、1999年和2017年我国对《中华人民共和国会计法》进行了三次修订。

新修订的会计法共七章五十二条，分别为总则、会计核算、公司与企业会计核算的特别规定、会计监督、会计机构和会计人员、法律责任和附则。修订后的会计法自2000年7月1日起施行。

新会计法是针对会计工作中存在的主要问题而制定的，只对会计核算和会计监督等会计基本工作职能提出了要求规范，没有对会计人员参与经济预测和决策，进行会计控制、分析、考评等方面提出具体要求；同时作为会计根本大法的会计法具有高度的概括性和原则性，该法只针对会计工作中那些最基本的、最主要的、需要和能够辨别合法与非法界限的，并要强制执行的内容做出了规定。比如会计法只对会计凭证的填制和审核、账簿的登记、会计报表的编报等提出原则要求，作为辨别合法与否的标准。至于填制、审核、登记的具体操作方法，在会计法中则没有必要做出具体的规定，这些问题在其他会计法规如《会计基础工作规范》中加以明确。

修订后的会计法，补充、完善了会计核算和会计记账的基本制度和基本规则，强化了单位负责人对本单位会计工作和会计资料真实性、完整性负责的责任，加强了对会计人员的资格管理，强化了对会计活动的制约和监督，加大了对违法行为的处罚力度，适应了当前经济和财务管理的需要。主要表现为以下方面：

1. 明确规定了单位负责人对本单位的会计工作和会计资料的真实性、完整性负责。明确了单位负责人与会计机构各成员的工作责任关系及正确处理这些关系的法定性原则。

2. 防范会计信息失真责任体系的建立固然重要，但要发挥其作用，关键在于不断地维护和强化这个体系。故而，新会计法中专门设定了较为具体的禁则和罚则，即实行或不实行某种行为的界限。而原法在这方面的规定却不很具体。

3. 新会计法明确了执行主体——县级以上人民政府的财政部门，而原法对这方面的规定不甚明确。

（二）会计准则

企业会计准则经国务院批准，由主管国家会计工作的财政部依据会计法制定和颁布的，是统一会计核算标准，保证会计信息质量的基本准则。会计准则是会计核算工作的基本规范。它处于会计工作规范体系的第二个层次，主要就会计核算的原则和经济业务的会计处理方法及程序做出规定。它是我国企业会计核算工作的基本规范，它以会计法为指导，同时又指导会计制度，是会计制度的制定依据。

会计准则又分基本会计准则和具体会计准则。基本准则是进行会计核算工作必须共同遵守的基本要求，体现了会计核算的基本规律。基本准则一般由会计核算的前提条件、一般原则、会计要素准则和会计报表准则组成，是对会计核算要求所做的原则性规定。它具有覆盖面广、概括性强等特点。主要包括以下内容：关于会计核算基本前提的规定；关于会计核算一般原则的规定；关于会计要素准则的规定；关于财务报告体系的规定。具体准则是根据基本准则的要求，对经济业务的会计处理做出具体规定的准则。它的特点是操作性强，可以根据其直接组织该项业务的核算。其内容包括基本业务会计准则、会计报表准则、特殊行业会计准则和特殊业务会计准则四个方面的内容。

我国的企业会计准则从 1993 年 7 月 1 日全面施行至今经历数次修订。2014 年 7 月，财政部颁布了新的《企业会计准则体系》，这是目前我国迄今为止最为完备的会计准则体系。它为不同类型和不同所有制性质的企业组织和处理经济业务提供了基本规范指南。

（三）会计制度

从广义上讲，会计制度应该包括会计工作制度、会计人员管理制度和会计核算制度等内容，而习惯上所称的会计制度则仅指会计核算制度。

虽然，我国在 1992 年以财政部令的形式颁布了会计准则，并于 1993 年 7 月 1 日起正式执行。但由于受我国长期计划经济等国情的制约，全面制定及推行企业会计准则存在一些现实问题。因此，为了保障各企业的会计报表能够统一可比，层层汇总，满足国家宏观调控的需要，并规范企业会计工作，财政部采取了制定、公布分行业会计制度的办法，从而形成了企业会计准则和企业会计制度长期并存的局面。总体来说，我国先后共制定了 13 个行业会计制度和 1 个股份有限公司会计制度。这 13 个行业会计制度包括：工业企业会计制度，商品流通企业会计制度，旅游、饮食服务企业会计制度，交通运输企业会计制度，邮电通信企业会计制度，施工企业会计制度，房地产开发企业会计制度，对外经济合作企业会计制度，金融企业会计制度，农业企业会计制度，民航企业会计制度，铁路运输企业会计制度，保险企业会计制度。为了进一步贯彻执行会计法，规范企业的会计核算工作，提高企业的会计信息质量，我国又于 2001 年制定了国家统一的会计制度——《企业会计制度》，并自 2001 年 1 月 1 日起暂在股份有限公司范围内执行。

新颁布的《企业会计制度》的最大特点就是统一性强。按照《企业会计制度》的要求，各行业在会计核算的一般原则上实现了高度统一；在会计科目的使用和会计报表的项目、内容上实现了高度统一；在会计处理方法和程序上实现了高度统一。各行业根据《企业会计准则》的要求，参照分行业会计制度，结合本企业的具体情况，制定本企业会计制度，正确进行账务处理。

2006年颁布的新《企业会计准则》体系实现了与国际会计准则的"实质性趋同"。随着会计准则完善和运用的不断深入，企业会计制度的模式也将最终被舍弃，用准则代替制度是会计国际化发展的必然。考虑到我国国情，财政部还是审慎地保留了企业会计制度的基本内容，但不再颁布并执行单独的企业会计制度，而是将其作为企业会计准则应用指南，以《企业会计准则应用指南——会计科目和主要账务处理》的形式出现。会计准则体系的三个层次——基本准则、具体准则和应用指南均具有强制性，企业必须执行。但是与以前的企业会计制度相比，会计科目和主要账务处理不再与企业会计准则处于平行地位。当会计科目和账务处理与基本准则和具体准则相冲突时，企业应当以基本准则和具体准则的规定为准并执行。

除此之外，会计法规体系还包括一些会计规章制度以及单位内部的一些具体的管理制度。各种法律法规的组成如图9-1所示。

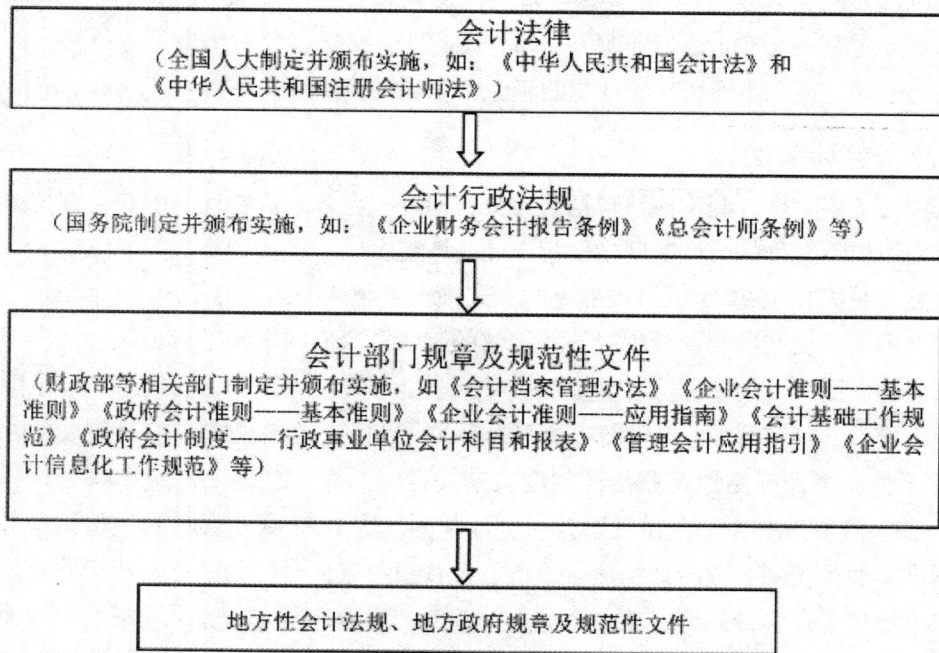

会计法律
（全国人大制定并颁布实施，如：《中华人民共和国会计法》和《中华人民共和国注册会计师法》）

会计行政法规
（国务院制定并颁布实施，如：《企业财务会计报告条例》《总会计师条例》等）

会计部门规章及规范性文件
（财政部等相关部门制定并颁布实施，如《会计档案管理办法》《企业会计准则——基本准则》《政府会计准则——基本准则》《企业会计准则——应用指南》《会计基础工作规范》《政府会计制度——行政事业单位会计科目和报表》《管理会计应用指引》《企业会计信息化工作规范》等）

地方性会计法规、地方政府规章及规范性文件

图9-1 会计法规体系的构成和层次

第五节 会计档案管理

一、会计档案的种类

会计档案是指会计凭证、会计账簿、财务会计报表以及其他会计资料等会计核算的专业资料。它是记录和反映经济业务事项的重要历史资料和证据，是国家经济档案的重要组成部分，也是各单位的重要档案之一。

会计档案一般分为以下几类：

会计凭证类。包括原始凭证、记账凭证、汇总凭证等；

会计账簿类。包括总账、日记账、明细账、辅助账等；

财务会计报表类。包括月度、季度、半年度、年度会计报表及相关文字分析材料等；

其他类。包括会计移交清册、会计档案保管清册、会计档案销毁清册等。

根据有关规定，各单位的预算、计划、制度等文件材料属于文书档案，不属于会计档案。

二、会计档案管理的意义

会计档案是会计活动的产物，又是会计活动的客观表现。会计档案管理工作具有十分重要的意义，具体表现在以下几方面：

第一，为检查、监督经济活动提供原始依据。由于会计信息直接反映财会工作活动过程，一方面可以利用会计档案检查企业、行政事业单位的经济活动和财务收支情况；另一方面可以根据会计档案的原始性和真实性的特点，了解会计凭证、账簿和会计报表中所记录、反映的经济业务的有关情况。

第二，是维护社会主义市场经济正常秩序的有力工具。会计档案是经济活动用会计核算工具表现的产物，具有史料作用和查证作用，并具有法律效力，是打击经济领域犯罪、清理债权、债务，解决经济纠纷以及处理会计事务的重要依据，是维护社会主义市场经济正常秩序的有力工具。

第三，会计档案有利于促进单位提高管理水平。会计档案是对单位经济活动和财务收支进行价值量的记录和描述，反映了经济活动和财务收支的质的变化，可据以开展预测、决策经济活动，编制财务收支计划，开展会计分析等工作，提高管理水平。

第四，在经济科学的研究中，会计档案具有重要的史料价值，为经济科学研究提供历史的原始资料。

三、会计档案管理的具体要求

为了加强我国会计档案的科学管理，统一全国会计档案工作制度，《会计法》和《会计基础工作规范》都对会计档案管理做出了明确的规定，但会计档案管理的具体要求应当依据《会计档案管理办法》。

（一）会计档案的整理、归档、保管和利用

1.会计档案的整理

为了更好地发挥会计档案的作用，必须对会计资料进行挑选，然后集中保存。集中以后的会计档案数量较多，如果堆放零乱，就不便于管理和利用。这就需要将会计档案分门别类、按序存放，这就是会计档案的整理工作。整理内容包括会计凭证、会计账簿、会计报表及其他会计资料（如年季度成本、利润计划、月度财务收支计划、经济活动分析报告、工资计算表及一些重要的经济合同等）。会计档案的整理要规范化，封面、盒、袋要按统一的尺寸、规格制作，卷脊、封面的内容要按统一的项目印制、填写。做到收集按范围，装订按标准，整理要规范。

2.会计档案的归档

各单位每年形成的会计档案，在财务会计部门整理立卷或装订成册后，如果是当年会计档案，在会计年度终了后，可暂由本单位财会部门保管一年，期满后，原则上应由财务会计部门编造清册移交本单位的档案部门保管。档案部门接收保管的会计档案，原则上应当保持原卷册的封袋，个别需要拆封重新整理的，应当会同原财会部门和经办人共同拆封整理，以分清责任。

3.会计档案的保管

由于自然和社会的各种原因，会计档案始终处于渐进性的自毁过程中。首先，要严格执行安全和保密制度。安全是指档案完好无缺，做到不丢失、不破损、不霉烂、不被虫咬等。保密是指会计档案的信息不能超过规定传递的范围；其次，要严格执行检查、保管制度，要有专人负责保管，有关单位、人员要定期地检查会计档案的保存情况，要严格按规定的程序、技术方法处理档案保管中的问题。

各种会计档案的保管期限，根据其特点，分为永久、定期二类。定期保管期限分为3年、5年、10年、15年、25年5种。会计档案的保管期限，从会计年度终了后的第一天算起。

4.会计档案的利用

保存会计档案的最终目的是利用，会计档案的整理、归档、保管等工作，只是为利用奠定基础。调阅会计档案应履行登记手续，一般应在档案室查阅。外单位借阅档案，归还时要清点。查阅会计档案人员，不许在会计档案上做任何记录、勾、划和涂改，更不能抽撤单据，违者应视情节轻重进行严肃处理。

（二）会计档案的鉴定与销毁

1. 会计档案的鉴定

会计档案的保管期满，需要销毁时，由本单位档案部门提出销毁意见，会同财务会计部门共同鉴定，严格审查，编制会计档案销毁清册。机关、团体和事业单位报本单位领导批准后销毁；国有企业经企业领导审查，报经上级主管部门批准后销毁。对于其中未了结的债权、债务的原始凭证，应单独抽出，另行立卷，由档案部门保管到结清债权、债务时为止。建设单位在建设期间的会计档案，不得销毁。

2. 会计档案的销毁

各单位按规定销毁会计档案时，应由档案部门和财务会计部门共同派员监督销毁。各级主管部门销毁会计档案时，还应由同级财政部门、审计部门派员参加监销。各级财务部门在销毁会计档案时，由同级审计机关参加监销。

销毁人在销毁会计档案前，应当认真清点核对，销毁后，在销毁清册上签名盖章，并将销毁情况报告本单位领导。

第十章 会计信息质量的发展研究

第一节 现代会计质量特征研究的发展

一、会计信息的特征

（一）什么使信息有用

财务报告最重要的目标是为企业决策提供有用信息。根据美国财务会计准则委员会，会计信息必须遵从相关性、可靠性、可比性和一致性。

1. 相关性

为使信息相关，会计信息必须足够重要从而能够影响企业决策。会计信息应当能够证实或更正使用者的预测。而且，无论该信息有多重要，相关的信息必须是及时的。例如，对于美国西南航空公司或捷蓝航空公司等航空公司而言，石油价格非常重要。管理者需要根据石油价格制定机票价格。如果公司仅按月报告石油价格，那么该信息便不满足及时相关性。相关会计信息应当能够帮助决策者预测未来。目前，美国证券交易委员会要求公司在会计年度结束 60 日内披露财务信息。

2. 可靠性

当信息可靠时，人们才可以依赖它并能够验证它的真实性。可靠信息是不受报告人约束的客观信息。为使信息可靠，财务报表信息必须如实反映意在反映的信息。例如，2016年，融创中国（01918）实现销售金额人民币 1553.1 亿元，此信息必须真实且可验证，否则，就会误导投资者。

3. 可比性

除了相关性与可靠性之外，可比性也是有用信息的重要特征之一。可比性是指一个企业的财务信息能够与相似企业的同类信息进行对比，例如对一个公司的净收益与另外一个公司的净收益进行比较。当很多财务报表放在一起时，对于审计师来说可比性尤为重要。在 GAAP 下，即使是相同经济业务也存在多种会计处理方法，因此公司必须披露它们所选择的会计方法，这样，受过专业教育的投资者可以据此调整报告金额从而达到两家公司可比的目的。

4.一致性

有用的会计信息必须满足一致性。一致性是一种使公司不同时期的财务状况或经营成果连贯和可比的会计信息质量特征。只有当公司在不同时期均使用同一种会计处理方法时，比较才有意义。例如，Darden Restaurants 截至 2015 年 5 月 25 日当期会计年度收入为 66.3 亿美元，截至 2015 年 5 月 27 日当期会计年度收入为 55.7 亿美元。只有当这两个收入是基于相同会计方法确认时，投资者才能分析收入增加的原因。如果收入增加是完全或部分由于公司更改了收入确认的会计处理方法，那么投资者会因此错误判断公司的真实业绩。财务报表使用者的决策依赖于会计准则规定的一致性要求。

（二）财务报告假设

会计核算的范围和揭示的对象是企业，而非股东。企业财务信息与其他企业或个人财务信息的差异被称为会计主体假设（Separale-entity Assumption）。它是指企业财务报表所提供的信息不包含股东个人或其他企业的财务信息。财务报表中的所有项目都用货币计量。这被称为货币计量假设（Monetary-unit Assumption）。

公司至少每年编制一次财务报表。作为内部使用的财务报表，其编制次数会更加频繁。美国证券交易委员会要求上市公司每季度披露财务报告，这使得报表使用者可以比较公司季度业绩。会计人员以财务报告为目的而将企业经营期限划分为有意义的若干会计期间，这被称为会计分期假设（Time-period Assumption）。尽管大多数公司每季度披露财务报告，但只有年度财务报告经过审计。大多数公司以日历年度作为会计年度。

会计人员假设企业在可预见的未来会持续经营，这被称为持续经营假设（Going-concern Assumption）。在该假设下，财务报表才有意义。假设一家公司在可预见的未来要停止经营，那么银行会贷款给它吗？如果一家公司即将面临清算，财务报表上的金额将失去意义。如果一家公司停止经营，财务报表中列报清算价值才是有用的。

（三）财务报告原则

除了上述假设外，财务报告遵循四大基本原则。第一个是历史成本原则（Historical-cost Principle）。它是指资产按照购置时公司支付的初始成本予以记录。会计人员使用历史成本计价是因为它的公正性和可验证性使得会计信息更加可靠。然而，一些资产和负债却被重新估值作价并反映在财务报表中。在现实中，会出现资产最初以历史成本记录而后调整为市场价值的情况。市场价值是指在正常情况下，资产在市场中销售所得的金额。虽然历史成本原则是一项基本会计原则，但 GAAP 与 IFRS 日渐放宽了公允价值在企业财务报表中的使用范围。在这里，值得权衡的是，我们是需要可靠性强的信息（历史成本准确且有原始凭证作为依据），还是相关性高的信息（公允价值对投资者来说更加有用，但无支持凭证且不够精确）。

第二个原则是收入确认原则（Revenue-recognition Principle）。GAAP 规定只有当收入实现时才能被确认（Recognized）。收入确认意味着收入应当被记录并反映在利润表中。只有当交易真实发生或交易过程已经完成或实质上完成时才可确认收入。销售中收到现金不是确认收入的必要条件。

费用的确认时间依据因其产生的收入的确认时间而定。只有当该费用所产生的收入被确认时，它才可被确认并反映在利润表中。这是第三个原则，被称为配比原则（Matching Principle）。配比原则是利润表编制的基础。费用与因其所产生的收入进行配比。商品销售成本就是配比原则的体现。仅是已售产品的成本才被确认为费用并记录和反映在利润表中。这笔费用与已实现销售的收入配比。未售产品的成本不是费用，直到它被销售后才能确认为费用。费用是产生销售收入发生的成本。若一项成本已经发生但并未被耗尽，那么直至使用前它将被视为一项资产。

第四个原则是充分披露原则（Full-disclosure Principle）。充分披露原则是指公司必须披露会对财务报表使用者产生影响的任何情形或事项。公司在应用该原则时需要做出诸多判断。

为了更好地理解财务报表所涵盖的信息，财务报表编制和应用仍遵循两个基本限制。这两个限制是 GAAP 规定的对财务会计进行约束或控制的财务报告的基本原则，它们分别是重要性原则与稳健性原则。

重要性是指与公司整个财务状况或经营成果相关的交易或事项的金额大小或重要性，即该事项足够重要到能够影响投资者决策。例如，对于捷蓝航空公司与西南航空公司来说，燃料费、职工薪酬和购买或租赁飞机的成本都是重要事项。相反地，如果事项不足以重要到影响投资者决策，它就会被视为不重要。GAAP 对事项重要与否没有严格的规定。例如，假设 2008 年捷蓝航空公司没有确认客户所购买的价值 350 美元的机票收入，但由于该公司当期所有收入总计为 33.8 亿美元，相比之下该错误与遗漏的金额显得微不足道，因此捷蓝航空公司无须更正会计错误。此项交易即被视为不重要。然而，如果存在诸多类似的错误，那么错误金额的总和可能就非常重要，捷蓝航空就应当深入调查并更正它们。

二、新世纪会计质量特征研究的发展

进入 21 世纪，IASB 与 FASB 合作进行一个联合概念框架的研究项目，目的在于制定一个单一的、完整的、高质量的、内在一致的概念框架，于 2010 年 9 月制定了单一的联合概念框架的第 1 章和第 3 章。FASB 随之发布的财务会计公告第 8 号《财务报告的概念框架》也取代了第 2 号概念公告《会计信息的质量特征》。第 8 号概念公告的第 3 章"有用财务信息的质量特征"，其特点概括为两点。

（一）内容与层次都大为简化，结构更为和谐

第 8 号概念公告第 3 章是用来取代原来的第 2 号概念公告的。对比第 2 号概念公告，除第 2 号公告的背景资料之外，其他删减了 73%。而层次结构由 7 个层次也减为 3 个层次，即基本的质量特征、增进的质量特征和信息约束条件。

基本质量特征指"相关性""重要性"与"如实反映"；增进质量特征指可比性、可稽核性、及时性与可理解性；成本与效益则是约束条件。

第 8 号概念公告第 3 章突出地说明：有用的财务信息至少具备相关性和如实反映两项基本质量特征，但若再具备可比性等四项增进质量特征，就能进一步提高（即"增进"的含义）财务报告信息的质量。这样，财务信息质量特征就显得更为严谨。

（二）几个概念的改进，使信息质量特征服从于通用财务报告的目标

第 8 号概念公告第 3 章修改了几个重要概念。

一是把过去"会计信息的质量特征"（第 2 号概念公告）修改为"有用财务信息的质量特征而提供对决策有用的财务信息就是第 1 章规定的通用财务报告的目标。"

二是把主要质量和次要质量（原第 2 号概念公告的层次分类）改为基本质量特征与增进质量特征。

三是把基本的质量特征之一的可靠性（原第 2 号概念公告的提法）改为如实反映（Failhful-representation），使之更符合财务信息的特点。因为信息本来就是客观事物的反映。通用财务报告中的财务信息理应如实地反映一个主体客观存在的经济资源，对资源的要求权和引起两者实际变动的现实交易、事项与情况，只有如实反映，才有可能通过财务信息确切描绘主体的经济现实。

上述三个方面概念的修改，使第 3 章财务信息质量特征更贴近财务报表目标。

对于第 8 号概念公告第 3 章，总体上也是应当肯定的，简化与严谨的统一比第 1 章更为突出，但遗憾的是在附录第 3 章的结论从基础上却明确指出：透明度（Transparency）、高质量（High Quality）、内在一致性（Internal Consistency）、真实与公允观点（Trueand Fair View）或公允表述（Fair Presentation）与可信性（Credibility）都被排斥在第 3 章"有用财务信息的质量特征"之外。总的理由是，这些"用语"（表述）不过是基本信息质量与增进信息质量的不同表述（描绘），有些人建议用另外的标准做出信息质量咨询的决策与 FASB 不同，而 FASB 则认为自己的标准是简化、实用并容易接受的。

不过，任何概念出现并流行，都有它的理由。比如"高质量"一词，现已是 IASB 制定的国际财务报告准则努力的方向。至于"透明度"或"透明的"信息则多次见于美国 SEC 向国会提交的《关于调到市价会计研究》的重要报告之中。而且，早在美国 2002 年制定的"萨班斯—奥克斯莱法案"第四章第 401 节"定期报告中的披露"（C）"特别目的实体的报告研究"（2）中的（E）即用了透明度（Transparency）一词，即说"任何 SEC

关于改进在财务报表中与披露报告资产负债表外交易的透明度与质量，必须由发行人向SEC填报"。

高质量（主要是对会计准则的质量要求）与透明度（主要是对财务报告信息的质量要求）这两个概念既然如此广泛流行，准则制定机构应当认可、接受并予以定义，自2004年IASB与FASB联合制定概念框架的项目启动以来，经过七年的精心研究、讨论和反复征求意见，其中通用财务报告的目标和财务信息的质量特征两个部分，终于完成了研究的应循程序，取得最终的成果。2010年9月，由FASB公布的第8号概念公告和由IASB公布的2010年概念框架就是两份内容趋同（甚至一致）、公布的文献形式不同的成果，作为财务报告概念基础和质量要求的两章框架内容。总体上说，这是有着显著改进和提高的高质量框架文献，是编报企业财务报告基础概念的新篇章。虽然联合概念框架才完成两章，但已能预测到，IASB和FASB的合作确能大大提高国际财务报告准则（IFRSs）的质量，从而有可能建立起一个全球有威望的制定会计准则的示范和领导机构。由于财务会计信息是国际商业语言，会计准则将规范这种商业语言，使之按高质量、透明度的要求被各国广泛接受。概念框架则是会计准则的基础，因而，它能使依据会计准则所编制的财务报告更具有可理解性和可比性，能更好地沟通国际投资、理财等活动，这对于促进全球经济复苏和各国经济的紧密合作有着重要的意义。

第二节　会计信息质量对投资效率的影响

一、会计信息对投资效率影响的理论分析框架

（一）投褥效率的影响因素

根据现有的投资理论，影响投资决策的主要因素归纳起来有四个：投资机会、融资成本、项目选择及预期和识别投资机会。早期的投资理论特别是投资理论：Brainard和Tobin认为，在元美的资本市场假设下，决定投资的唯一因素是投资机会。

此后的研究逐渐放宽了这一假设，认为因资本市场存在的信息不对称导致的逆向选择问题，使企业外部融资成本高于内部融资成本，部分公司面临融资约束，从而产生投资不足，这就形成了融资约束理论。同样，因信息不对称导致的股东与经理人、债权人与股东、小股东与大股东间的代理问题，使一些对公司而言并非最有利的投资项目被选择，从而产生投资过度或投资不足，出现代理问题和产生代理成本，这就形成了投资的代理理论。另外，早期的投资理论假设投资决策者是完全理性的经济人，他们在预测投资前景和捕获投资机会上有超强的能力。实际上，投资决策者由于能力缺陷和掌握信息的不完全，往往不

能正确预期和识别投资机会，从而出现投资不足或盲目投资。鉴于投资机会是客观存在的，不受投资决策的影响，所以，影响投资效率的因素就只有三个：融资成本、项目选择及预期和识别投资机会。

1. 融资成本对投资效率的影响

公司想要将识别出的投资机会变成投资，首先得为其融资。由于资本市场存在缺陷，特别是信息不对称，使得逆向选择问题时有发生，导致企业外部融资成本高于内部融资成本，部分公司面临融资约束（如图 5-1 箭头 4 所示）。大量的研究成果表明，面临融资约束的公司出于较高的融资成本将放弃净现值为正的投资项目，导致投资不足。

在权益资本市场上，Greenwald（1984）、Myers（1984）以及 Myers 和 Majluf（1984）认为，由于逆向选择问题，企业在权益融资过程中的权益融资成本将高于内部融资成本。具体表现是，由于经理人拥有比外部投资者更多关于企业投资项目的信息，因此，只有当企业的股价被高估时，他们才会发行股票进行融资。这将会导致两种结果：一是即使企业有良好的投资机会但缺乏资金时，经理人也不愿意通过发行股票进行融资；二是当外部投资者意识到这一点时，他们会在购买股票时索要一个更高的风险溢价，以弥补其可能遭受的损失。这两方面的结果都会导致企业因面临融资约束而产生投资不足。

在债务市场上也存在类似问题。Jaffee 和 Russell（1976），Stiglitz 和 Weiss（1981）等人认为，在一个贷款人与借款人信息不对称的债务市场中，由于贷款人对借款人的资信状况、投资项目风险不甚了解，因此，其只能按市场平均利率给借款人放贷，这将使低风险项目的借款人被挤出市场，从而导致市场的平均风险增加。这时，贷款人又不得不提高放贷利率，随着放贷利率提高，整个借贷市场逐渐趋于萎缩或瓦解，产生"信贷配给"，也就是说，即使借款人愿意以市场利率对投资项目进行债务融资，也无法筹集其所需的全部资金。

2. 项目选择对投资效率的影响

若股东与债权人、股东与经理人、大股东与小股东存在代理冲突，则难以保证正确的投资项目被实施。Stein 认为不正确的项目选择会导致公司过度投资，但也有文献认为公司也可能会投资不足。

（1）股东与债权人代理问题对投资效率的影响

股东与债权人代理问题最早由 Jensen 和 Meckling（1976）提出，主要源于股东与债权人的利益冲突。当企业投资项目成功时，股东得到了除债务本息外的所有收益；但当企业投资项目失败时，股东只承担有限损失（企业的组织形式一般是承担有限责任的公司制），而债权人则承担了项目失败的全部后果。因此，股东有强烈的动机实施高风险的投资项目，并从中获得较多收益，（但这却是以债权人的利益损失为代价）但债权人在放贷时预期到这一点时，便会要求一个较高的回报率，导致企业的债务融资成本明显高于内部融资成本。

Myers 以及 Berkovitch 和 Kim 从另外一个角度对债务融资的局限进行了解释，并称之为"债务悬置效应"(debtoverhangeffecl)。他们着重分析了企业在获得债务融资以后的行为。债权人对投资的回报具有优先请求权这一特征使得企业可能会选择那些虽然净现值为正但却不足以支付债务本息的投资项目，因为此时的投资回报将全部归债权人所有。债务悬置效应对企业投资行为的影响可以从两个方面来理解：一方面，由于在选择投资项目时面临的上述限制，所以负债率越高的公司越倾向于投资不足；另一方面，这一效应也可以解释为何许多负债率不高但同时拥有良好投资机会的公司在融资过程中不会首选债务融资。

（2）股东与经理人代理问题对投资效率的影响

在管理者与所有者分离的现代公司组织中，作为管理者的经理人可能从自身利益最大化的动机出发，使其选择的投资项目与股东财富最大化目标并不必然一致．从而产生投资过度或投资不足。经理人的私利动机如下：

第一，建立和维持企业帝国。

由于经理人的薪酬、权利、地位、特权等都与企业规模成正比，因此，经理人有强烈的偏好扩大企业规模，构建自己的企业帝国。Donaldson 和 Slone（1984）等人的研究表明，在假设经理人能够通过增加资本控制权获得个人收益的条件下，经理人确实有企业帝国建造的倾向，导致过度投资。但 Stein（2003）的研究却表明，经理人的这一偏好并不必然导致过度投资，也可能导致投资不足。Sh 加 ifer 和 Vishny（1989）则从企业帝国的维持角度解释了经理人倾向于投资于那些净现值为负但能增加其自身人力资本价值的项目，因为这样的项目能够提高自己的技能，降低被解职的风险。

第二，维持和提高职业声誉。

经理人出于维持和提高自己职业声誉的考虑，会利用投资提升其在劳动力市场的价值，从而导致其在投资上的短期机会主义行为和羊群行为。Narayanan（1985）.Bebchuk 和 Slole（1993）的研究表明，经理人为了维持和提高自己的职业声誉，在进行投资决策时会做出短期对自己有利但有损企业价值的短期机会主义行为。Tmeman（1986）则从羊群效应的角度，论证了无论是拥有高质量投资机会的企业还是低质量企业为了自己的职业脸面而都将过度投资。

第三，享受舒适宁静的生活。

当得不到有效激励时，经理人会倾向于维持一种"宁静的生活"（QuietLife），从而缺乏改变公司现状的积极性，这种"懒惰"会对投资产生两方面的影响：一是当面临是否关闭现有业绩糟糕的投资项目时，经理人可能嫌麻烦而不愿关闭，导致过度投资；二是当面临是否新上项目决策时这又可能导致投资不足。Bloom 和 Reenen（2007）以问卷调查的形式进一步验证了这一假说。Aggarwal 和 Samwich（2006）也论证了经理人的"懒惰"是投资不足的原因之一。

第四，壕堑效应。Shleifer 和 Vishny（1989）的研究表明，经理人出于自身保护的目的，往往会偏好投资于自己比较熟悉且未必会增进股东价值的领域，即产生专用性投资。

这样做的结果表现在两方面：一是这些投资决策一旦做出，替换经理人的代价就比较高昂；二是不具备相关知识的外来人很难了解投资项目的运行情况，致使投资项目运行的透明度下降，接管经理人就变得更加困难。这些专用性投资虽然损害了股东价值，但却巩固了经理人的地位，产生"壕堑效应（entrenchment）"。

另外，若预期经理人将浪费资金时，投资者将提高融资成本。这属于投资者与经理人代理问题导致的融资成本的提高影响投资效率的情况。总之，由于经理人和股东之间的代理问题既影响了投资项目的选择，也可能增加融资成本，从而都会降低投资效率。

（3）大股东与小股东代理问题对投资效率的影响

尽管 BeHe 和 Means（1932）认为股权高度分散是现代公司的特征之一，但最近的研究文献表明除美国和英国等少数几个国家外，世界上大部分国家的公司股权不是分散而是相当集中的。特别是在新兴市场中，所有权集中度比成熟市场更高。大股东特别是控股股东的出现给公司治理带来了新的代理问题，即大股东与小股东代理问题。大股东利用自己的控制权，侵害小股东的利益，干预公司的投资项目选择，掠夺企业的投资机会而使企业投资不足，或者迫使企业投资于净现值为负，但却有利于大股东的投资项目而使企业投资过度。在新兴市场上，由于保护小股东的相关制度体系不健全，这类代理问题影响投资效率的程度就显得尤为严重。

3. 预期和识别投资机会对投资效率的影响

早期的投资理论假设投资决策者是完全理性的经济人，他们在预测投资前景、捕获投资机会、预计投资风险和收益上有着超强的能力，在如此的假设条件下，企业的投资才完全取决于投资机会的多寡。实际上，投资决策者对投资环境的计算能力和认识能力是有限的，不可能无所不知，加上投资决策者掌握和处理信息能力的缺陷，使得他们投资决策能力较差，时常不能够正确地预期投资前景和敏锐地识别到投资机会，从而导致投资不足或盲目投资。

二、会计信息对投资效率的影响

（一）会计信息对投资效率的影响：解决逆向选择问题

无论在权益资本市场上还是债务市场上，高质量的会计信息都能有效地减少信息不对称，解决逆向选择问题，降低融资成本。特别对于那些受融资约束的公司而言，会计信息能够缓解融资约束，减少投资不足。

1. 会计信息在权益资本市场上的治理作用

第一，在权益资本市场上，高质量的会计信息能够提高公司的透明度、增强权益证券的流动性，缓解逆向选择问题，减少权益融资成本，改进投资不足。高质量的会计信息及信息披露，能够减少投资者与公司之间的信息不对称，增加了企业透度。Diamond 和 Verrecchia 认为，增加高质量会计信息的公开披露能够缓解信息不对称，提高股票流动性，吸引投资者对股票的需求，促进股价的提升，降低股票融资成本。

第二，高质量会计信息能够降低权益投资者估计权益证券预期收益的风险水平，使得其所要的回报率降低，从而降低了权益融资成本。高质量的会计信息向投资者传递了公司真实的经营情况，减少了公司经营的不确定性，降低了投资者的主观预测风险，从而减少了投资者要求的回报率，降低了外部融资成本。

第三，高质量会计信息能够降低权益投资者的信息风险，减少逆向选择问题，缓解融资约束。会计信息作为投资决策最重要、最可靠的信息来源，既能够增强权益投资者获取信息的容量和能力，也能够甄别其他信息的真实性，保证交易信息的安全。在规章制度不健全的新兴资本市场（或信息披露环境较差的权益市场）中，会计信息相比其他来源的信息而言，无论从量还是从质上，都显得尤为重要。另外，Stubben（2010）认为，对于那些信息披露质量不高的小公司，会计信息可能是唯一可以"信赖"的信息源。

2. 会计信息在债务市场上的治理作用

会计信息对于债权人评价公司资信状况，缓解借贷双方信息不对称，解决债务市场上的逆向选择问题，降低企业融资成本等问题都发挥着重要作用。特别对于那些受融资约束的公司而言，高质量的会计信息能够缓解或消除融资约束，减少投资不足。债务融资成本从广义的角度分有两种类型：显性成本和隐性成本。显性成本指偿付的利息和交易费用，隐性成本指债权人因信息不对称索要的风险溢价。借贷双方信息不对称越严重，隐性成本就越高。

会计信息的披露作为提高融资公司透明度、缓解借贷双方信息不对称的重要机制，随着其质量的不断提高，对于缓解或消除融资约束、提高投资效率发挥着举足轻重的作用。Sengupta（1998）以美国上市公司为样本，从实证的角度证实了会计信息（披露）质量与债务融资成本间的负相关关系。这些证据反映出会计信息质量会影响融资成本，从而最终会影响投资效率。

（二）会计信息对投资效率的影响：治理代理问题

高质量的会计信息能够监督和约束公司经理人的私利行为，减少其偏离所有者目标的"意愿"，减少代理问题，抑制投资过度。

1. 会计信息的监督和激励作用

会计信息是股东监督经理人的重要信息来源，是债权人监控借款人必不可少的依据，也是监管机构监管股票市场，特别是监管大股东行为、保护中小投资者的重要信息。因此，如果会计信息减少了代理问题（如图 5-1 箭头 7 所示），它将有助于提高股东监督经理人、债权人监控经理人及中小股东监督大股东的能力，从而能够增进项目选择的效率和效果（或降低融资成本），提高投资效率。

另外，会计信息常被用来作为薪酬契约的衡量标准和基础，高质量的会计信息能够有效地激励公司经理人选择的"合规"投资项目，减少其偏离所有者目标的"意愿"减少代理问题，抑制投资过度。

2. 会计信息的契约完善作用

依据契约理论，企业的本质是一个"契约联合体"，也就是说，企业是利益相关者的显性契约与隐性契约的复合体。由于未来的不确定性和缔约人的有限理性、信息的非对称、（缔约）成本限制以及第三方难以证实性，现实中的契约无法准确描述与交易有关的所有未来可能出现的状态以及每种状态下的缔约各方的权利和责任，使契约成为留有"漏洞"的不完备契约。会计信息特别是高质量会计信息的存在，能够减轻债权人与公司的债务契约、股东与经理人的薪酬契约及大股东与中小股东的各种隐性契约的不完备程度，使契约的缔结和执行成本更小，更能够约束契约缔结方的投资行为，从而达到缓解代理问题、提高投资效率的目的。

3. 会计信息的控制权优化作用

企业控制权的归属决定了企业的投资政策和投资方向，而企业控制权的确定与会计信息有着紧密的联系。会计信息影响着控制权在各个区间的配置边界，是利益相关者进行谈判和均衡利益的基础。会计信息质量越高越能清晰地界定控制权的边界，使剩余索取权和控制权相匹配。当高质量会计信息发生变动时，预期自身产权权益将遭受损害的利益相关者就会联合起来，通过内部机制（如内部谈判、罢工等）或外部机制（如经理人市场、并购市场等），相机取得公司控制权，控制公司的投资决策权，防止通过投资方式来侵占其利益。DeAngelo 也发现会计信息在代理权争夺中起到的重要作用。由此可见，会计信息能够优化公司控制权的配置，均衡利益相关者的利益，降低代理成本，规范投资行为，提高投资效率。

（三）会计信息对投资效率的影响：增强投资决策能力

对投资机会的识别和对投资风险的估计是投资决策的关键，但是，由于投资决策者对投资环境的计算能力和认知能力是有限的，加之获取和处理信息能力的缺陷，使得他们的投资决策能力较差，往往不能够敏锐地识别投资机会和可靠地估计投资风险，导致盲目投资和投资不足。会计信息作为投资决策必不可少的信息来源，能够提供与投资项目预期前景、成长性、预计现金流量及波动等相关信息，对于识别投资机会和估计投资风险，起着其他信息源不可替代的作用。因此，高质量的会计信息有助于提高投资决策者预期和识别投资机会的能力，从而能够抑制盲目投资和减少投资不足，提高投资效率。

Mc Nichols Stubben 的研究表明，高效的投资决策依赖于对未来投资收益的精准预期，而对项目的成长性和项目产品需求的估计又决定着对投资收益的预期，也就是说，高质量的会计信息既有助于投资决策者对未来形成更精准的预期，也有助于识别更好的投资机会，因此，即使没有逆向选择问题和代理问题，会计信息也有助于提高投资效率。

第三节　内部控制对会计信息质量影响

内部控制对会计信息质量起到制约、辅助的作用，其所具有的特质功能为会计信息质量提供了保障。内部控制的制约作用具体体现在两方面，第一，内部控制通过对会计记录进行分析总结能及时有效的发现其存在的质量问题。第二，内部控制对会计信息质量的监管是在满足合理合法的条件下进行的。这就使得会计核算过程在监督下完成，同时也将会计信息结果及时地反馈给使用者。内部控制对会计信息质量的辅助作用具体体现在：内部控制致力于形成良好的控制环境，为会计信息质量的发展提供相对稳定的内部控制环境。内控环境、内部控制、会计信息质量三者间为顺承关系，内控环境影响内部控制的有效性；内部控制影响财务报告的目标性和方向性；这就对会计信息质量造成影响。内部控制和会计制度是会计信息质量的考核标准，同时也是对会计信息质量的保障，而会计信息质量则是以文字形式对内部控制成效的书面反馈。

一、企业内部控制环境要素对会计信息质量现状的原因分析

（一）公司治理结构不完善影响会计信息质量

1.国有股股权主体缺位

国内很多国企的改革，使得当前许多上市公司的股权结构主要以国有股为主。对国有资产的管理，其所有者表现为国家。但我国缺乏真正能保持和提高国有资产价值的专职部门，一旦企业涉及利益问题时，行政主管部门、地方政府和原国有资产管理局等机构都自称是国有股份的代表，但要对国有企业监督和决议时，又没有机构出面，这就出现了国有资产的所有者缺位，即国有股股权主体缺位。

这种国有股股权主体的缺位现象很容易导致企业缺乏对经营者的监督，企业利润效率不高，使得公司所有者对其缺乏真正意义的监督和约束作用，造成国有股股权主体实质上"虚置"问题，进而弱化了股东对经理人的约束，形成"内部人控制"现象，即经营者实际控制着企业。由于企业的经营管理者掌握着企业的会计信息系统，他们为了一己私利，可能对会计信息资料进行操纵，形成虚假的会计信息，欺骗会计信息使用者。

2.股权过于集中

我国大多企业股权结构不够合理，过于集中，我国这种不合理的股权结构主要体现在国有企业国有股所占比例过高，个人股所占比例过低；在民营性质的企业或上市公司中，股权主要掌握在企业创始人等少数人手中，"一股独大"的现象非常严重，他们实际控制

着企业。股权过于集中，可能会降低会计信息质量，具体体现在公司的控股母公司对其会计信息的操纵，控股母公司有权对会计政策进行选择，这很容易使其对上市公司的利润进行操纵，具体表现为公司的大股东占用上市公司的资金、担保和互保等。比如，一个经典的案例就是"ST'猴王，一个良好的上市公司就是由于这个原因而濒临破产的。在会计信息披露之前，投资者不知道公司出现问题；等到信息披露之后，才知道公司存在财务欺诈，但是要想更正，却为时已晚。可见，股权过于集中的企业不利于会计信息质量的提高。

3."内部人控制"现象严重

"内部人控制"是指由于两权分离（经营者和所有者的不同利益）所导致的经营者实际控制着公司的现象。在我国许多企业中，虽然设置了董事会、监事会，但董事、监事基本上是形同虚设，好多企业董事会独立性不高，对管理层的监督约束不够，董事会实质上掌握在公司内部人手中。这使它在企业中已成为了一个不起什么作用的机构，不能代表自己的独立意见，管理者实际控制着公司的运作中心，掌握着企业的会计信息系统。当其利益与集体利益不一致时，管理者可能会为了维护个人利益或其小众利益而破坏集体利益，对会计资料进行伪造、篡改、美化财务报表，以掩饰其不合法利益的存在。

（二）内部机构改制与权责分配不合理降低会计信息质量

目前，企业内部机制不科学，权利和责任分配不合理也会对会计信息质量产生一定影响集权或分权把握不当以及企业组织层次过多不利于会计信息的流通。在一些过度集中管理的企业中，由于企业功能的失衡分布，较低层的人员只能被动地接受上级命令，而不是根据市场的具体情况发挥其作用。体现在财务上就是：管理层领导为了一己私利而指使下级会计人员修饰会计信息，同时下级会计人员为了保住饭碗而被动地接受命令伪造会计信息。在一些管理过度分权的企业，下层滥用权力，处于失控状态。反映在财务上就是：企业管理过度分权，下级会计人员权力过大，他们可能会为了个人利益，在不经过上级批准的情况下而私自对会计信息进行操纵，导致会计信息质量低下。

有些企业机构设置层次过多，上下沟通渠道不畅。其对会计信息的影响主要体现在：

1. 由于企业任何一个等级层次上的管理者都可能会为了利益去伪造会计信息，这样下去会计信息流通速度就会变慢，失真现象的可能性就会加大。

2. 由于组织机构臃肿，管理层次多，会计舞弊被发现的可能性就越低；再加上其造假的成本较低，这就使得企业很容易发生会计信息失真现象。

权责分配不当也会降低会计信息质量。比如，一些企业在权责分配的严格规定上缺乏书面说明，致使企业内部上下管理失衡，容易使会计人员不严格规范自己的本职工作，对信息产生的过程不够重视，容易导致会计工作出错，酿成不可挽回的后果。还有一些岗位没有做到不相容岗位的分离，使得许多会计职务交叉，会计工作难以得到保证。

（三）内部审计机构监密不力不利于会计信息质量的提高

内部审计的有效性与人员的资格权限和资源利用紧密相关，其职能是为了防止财务舞弊。但是目前我国很多企业未能做到这一点，其内部审计作用没有有效发挥，不能对会计信息起到监督作用，具体有以下两个方面表现：

1. 一些公司领导不够重视内部审计或思想存在误区，不设置内部审计机构，从而导致内部审计缺乏，难以对财务报表起到监督作用，使得财务舞弊现象频发。

2. 有些公司虽设立内审部门，但其专业人员普遍缺乏，不能正确判断会计信息的相关性与可靠性，其评价监督作用形同虚设，或内审部门实际上与财务部门重合，内审部门名存实亡，不能对企业的控制活动起评价作用。这两种原因都可能导致会计信息质量低下。在"五粮液集团"财务造假案中，内部审计部门对于主营业务收入10亿元的差错没有及时更正，对外投资损失没有及时披露的行为竟毫无察觉。这表明公司的内控设计存在缺陷，而对其负有监督责任的内部审计部门却毫无察觉，由此可知该公司会计信息质量低下的原因之一就是内部审计监督不力。

（四）不科学的人力资源政策催生会计信息失真

现代企业制度中，企业的发展离不开人的"软控制"作用，人才素质的高低会影响财务人员的行为能力，容易导致会计信息失真。人才素质的低下可以归结为人力资源管理的不完善、不够科学。反映到财务管理者及其会计人员上，具体体现在以下两方面：

第一，管理人员任命的行政干预，会使得人力资源市场缺乏外部竞争机制。管理者的自我激励和压力相对较小，专享权利而不承担责任，导致管理当局整体素质偏低，缺乏法制观念和道德理念，这样就为其贪污公款、伪造会计报表提供了方便。

第二，财务人员的薪酬、考核、晋升与奖惩制度不完善，会滋生会计造假的氛围。企业会计员工如果经常在薪酬、晋升等方面感觉低于自己的付出时，就会产生职业怠倦，没有进取心和责任感，从而竞争意识薄弱，这样就容易在日常的会计工作中频繁出错，最终导致会计信息严重失真。还有就是会计人员可能不满足自己当前的薪酬所得，就会为了追求高利润而进行会计造假，影响信息质量。这说明，企业应当优化人力资源政策，完善企业关于财务人员的薪酬、考核、晋升与奖惩制度，提高员工的职业道德素质，增强工作责任心。

（五）企业文化也设不到和滋生会计信息失真氛围

在目前的企业管理中，虽然很多企业积极塑造优秀的企业文化，但是，在塑造过程中出现了认识上的一些误区，影响到会计信息质量的发展，从而对会计信息使用者的经济决策产生了误导。原因主要体现在以下两点：

第一，企业文化建设只注重形式，脱离了企业的经营管理。一些企业在建设企业文化时，不注重企业文化的内涵，只是做一些美化公司环境、在走廊上贴一些措辞有力的口号的表面功夫，这种理解只是建设企业文化过程中微小的一部分；甚至还有些企业领导片面地认为，企业文化与企业管理关系不大，仅是一味地塑造企业精神，其实这种理解也是不全面的。因为企业管理者在管理企业时，会遵循一定的道德标准、学习一些管理哲学思想，这些标准和思想均归属于企业文化，这就说明企业文化和企业管理是紧密相连，不可分割的。

第二，还有人认为领导倡导的文化就是"企业文化"。有些企业领导以"利润文化"作为企业的文化，一切向利润看齐，缺乏诚信，授意会计人员做假账，不管他们所倡导的理念、精神、价值观等文化因素，员工对于文化没有自主选择权。这种管理风格将严重影响企业的健康发展，将不能对企业员工起到良好的导向作用。

这种对企业文化的错误理解会严重影响会计信息质量。管理人员对企业文化的错误认识，不会创造一个良好的企业文化氛围，他们往往不注重提升自己的综合素质，致使企业呈现一种不健康的状态。投射到企业财务方面，就会使企业上下级之间沟通不到位，信息反馈渠道不畅，容易造成会计人员对上级人员的误解，进而出现会计信息舞弊。一味以"利润文化"作为企业文化的企业，财务人员可能会形成一种只向利润看齐的思想，在这种思想的控制下，会使其丧失诚信意识，从而表现在会计报表中。

（六）法制数百的缺失导致会计信息质量的低下

良好的法制教育是企业持续健康发展的重要保证，但目前许多企业对法制教育不够重视，缺乏正规化与标准化，教育内容缺乏多样性与实践性，教育者素质偏低。主要反映在：（1）思想认识有偏差，经常性教育不足。有些企业对于法制教育工作具有错误认识，认为对员工进行严格管理就能够做到不出错，还有些企业认为基层视察只是走马观花，不善于认识法制教育中出现的深层次问题；（2）企业管理者和员工的学历比较低，法律知识比较匮乏，使得法制教育备课难度加大；（3）企业的教育形式比较传统单一，缺乏多样性和创新性。这类企业对法律教育的缺陷，将影响企业内部控制环境建设。从财务会计角度来讲也会使得会计信息质量低下。

法制教育的缺乏对会计信息质量的影响有以下表现：很多企业管理者缺乏足够的法律意识和法制观念，为了突出企业业绩或满足个人利益，对会计人员进行"利润文化"的灌输，不顾国家的法律威严，指使会计人员进行财务作假，粉饰财务报表，用虚假的业绩来占领市场，吸引投资者；同时，企业会计人员为了达到某种私人目的，经常违反法律法规去粉饰会计报表。

二、完善内部控制，提高会计信息质量的针对性意见

（一）构建稳定的内部控制环境

内部控制在企业管理者的认同下才能更好地将内部控制和运营管理有机结合在一起，从而形成良好的内部控制环境，进而才能有效地杜绝滥用职权，徇私舞弊现象的发生。企业管理者对内部控制的认识度并不是很高，内部控制在企业中所占的地位较低，企业的内部控制环境没有得到有效的治理和维护。

当下大多数企业的所有权和经营权处于分离的状态，加之企业内部的组织结构缺乏合理性调整，无形中加剧了内部控制环境中的权力矛盾，权利分散削弱了内部审计的核心力量，将内部审计发展与企业生产经营发展进行拆分，内部控制功能受限，不能发挥其职能作用，内部控制体系被间接分解。其次虽然我国《会计法》规定，企业管理层要相应承担《会计法》的法律责任，但由于责任制度没有落实到个人，为其逃避法律追究提供了可能。

因此完善内部控制规定，明令企业落实责任制，要求企业共同执行内部控制要求，从根本上推动中国企业内部控制机制的发展，促进良好的内控环境形成，就变得尤为重要。

（二）免除内部控制的风险评估体系

在市场竞争激烈的当下，加快企业市场占有率势在必行，同时企业的内部控制风险评估机制同样要跟上发展的脚步，建立科学完善的内部控制评价指标体系成为提高会计信息质量的途径之一，有效地杜绝了会计失真和账目虚假的问题。风险评估体系的完善能及时预警可能存在的财务风险，对影响财务状况的风险指标进行分析评估，通过内部控制的有效手段规避财务风险。

现代企业财务风险具体分为已知风险、可预知风险、不可预知风险三类，因此如何发现潜在风险并进行预警，如何针对可能发生的风险做出相应预案，如何在财务风险发生时进行风险嫁接合理规避风险，成为要思索的必由之路，企业自身要形成风险防范意识，在风险评估体系上投入人力物力，对发生的商业风险案例进行总结，将经验应用于现有的财务风险体系并作用于企业的生产经营中。

（三）形成科学系统的内部会计控制体系

为了完善控制活动，实现控制结果的预期，职责划分、实物控制、业绩评价等作为控制风险活动中必不可少的辅助手段，极大地避免了会计信息失真，财务信息作假现象的发生。因此为完善控制活动，形成科学系统的内部会计体系，企业内部要落实个人责任制，在职责划分的问题上做到分工明确，促进形成各部门、各岗位相互沟通合作，相互制约，各司其职的良好局面。其次在满足内部会计控制规范的前提下，授权批准控制及不相容职务分离的措施。以"内部牵制"作为不相容职务分离的提出依据，因此单位在设计、建立

内控制度时，首先应确定哪些岗位是不相容的；其次是明确规定各个机构和岗位的职责权限，使不相容岗位和职务之间能够相互监督，相互制约，形成有效的制衡机制。对于授权批准控制的措施，企业应明确办理从而极大地杜绝滥用职权、徇私舞弊现象的发生；满足各部门之间相互控制的要求，建立部门上下级之间彼此监督、互相牵制的科学系统的内部控制体系。

（四）升级改良现有的信息沟通系统

企业的信息沟通系统对于企业的正常运营工作而言起到统筹全局的作用，企业的内部控制效果信息与沟通可以称为整个内部控制的生命线。企业的信息沟通系统作为企业管理者和员工间的中间载体，发挥着重要的作用。对于管理者而言，企业的信息沟通系统有利于及时传达上层决策；对于员工而言，企业的信息沟通是员工向领导反馈企业运行过程中存在问题的有效途径，有助于企业的管理者及时地发现问题并提出解决办法，保障企业的正常运营。同时信息沟通的时效性和准确性为管理层在重大生产经营决策问题上提供了参考依据，在一定程度上避免了决策上的失误。其次，高效率的信息沟通系统有助于企业所有者及时了解掌握企业阶段性的运营状况，提供准确真实权威的会计信息。另外，企业自身可以丰富现有的沟通方式，拓宽沟通渠道，实现信息沟通传输的多样化，保证黄金信息的有效传达，使得企业把握市场走向，及时调整产业结构，满足市场需求，实现利润最大化的目标。因此企业的信息沟通是控制执行效果中不可或缺的重要环节。

（五）健全现有的监控体系

随着经济的发展，企业间的市场竞争愈演愈烈，拓展市场，提高市场占有率，成为企业发展的主要目标。企业侧重经济利益的增长，对可能存在的市场风险和财务风险没有足够的重视，从而为企业发展埋下了安全隐患。健全当下监控体系主要从两个方面入手：第一，充分调动企业监事会的工作职能。企业对财务信息的监控是以监事会和内部审计监控为主的监控体系。监事会通过对企业的业务、财务和其他会计的监控资料，并将内部审查结果及时反馈给股东大会，制止损害公司利益的行为发生。其次，监事会对企业内部的财务薄弱环节较为了解，能针对可能出现的财务风险对症下药。因此，相对健全的监事会不仅能极大地减少管理当局的会计失真和账目作假现象，而且能与企业内部的风险防御机制进行互补，保证企业的财务安全，提高资金利用率。第二，企业要发挥内部审计部门的重要作用。内部审计部门的职责是在所有权和经营权分离的背景下，辅助企业董事会对管理层的任务履行情况和工作进度进行报告和反馈，督促企业管理层履行责任并对其进行监督和制约，防止滥用、背离公司盈利目标的不良事件的发生。因此重视企业内部审计机制的发展和应用，保证内部审计的独立性和权威性，从而实现审计结果立足于可靠真实的企业财务资料，督促企业资产运用率的提高。企业监事会和内部审计的发展促进了会计信息质量的提高，提高了经营效率，有劲于提高会计信息质量。

第四节　我国的会计信息质量要求

20 世纪 90 年代以前，我国会计界并没有将会计信息质量特征作为专门的研究对象来研究，只是在有关的会计制度中，对编制财务会计报表规定了基本要求：数字真实，即必须以账户记录为依据；内容可靠，即不得臆造数据；项目齐全，即所有报表项目均需要列完整；编报及时，即月报、季报与年报必须在规定期限内报出，不得延误。

在我国，与会计信息质量特征类似的概念是会计原则。

1992 年我国颁布的《企业会计准则》中，并没有明确提出"会计信息质量特征"等名词，但是规定了 12 条会计核算原则，其中有 7 条是针对财务报表所提供的会计信息提出的质量要求，即：可靠性、相关性、可比性、一致性、及时性、明晰性和重要性。其中虽未明确提出会计目标和信息质量特征的说法，但通过对其具体内容的分析，也不难发现与会计目标和信息质量特征相似的内容。如表 10-1 所示。

表 10-1 会计目标及信息质量特征

会计目标	会计信息质量特征
会计信息应当符合国家宏观经济的要求，满足有关各方面了解企业财务状况和经营成果的需要，满足企业加强内部经济管理的需要	可靠性、相关性
	可比性、一致性
	及时性、可理解性
	谨慎性、完整性
	重要性

具体会计准则实施以后，对会计信息的要求又有所增加，在 2001 年开始实施的《企业会计制度》中又新增一条"实质重于形式原则"。从表述上看，这些会计原则都是针对企业会计核算提出的一般要求，实质上也是对会计报表质量的要求。

真正体现我国会计信息质量特征的是财政部 2006 年颁布的《企业会计准则——基本准则》，对以前的基本准则进行了修订后，在新的基本准则中取消了会计原则的提法。其中的第二章《会计信息质量要求》中规定了如下八条具体要求：

（1）可靠性：企业应当以实际发生的交易或者事项为依据进行会计确认、计量和报告，如实反映符合确认和计量要求的各项会计要素及其他相关信息，保证会计信息真实可靠、内容完整。

（2）相关性：企业提供的会计信息应当与财务会计报告使用者的经济决策需要相关，有助于财务会计报告使用者对企业过去、现在或者未来的情况做出评价或者预测。

（3）可理解性：企业提供的会计信息应当清晰明了，便于财务会计报告使用者理解和使用。

（4）可比性：企业提供的会计信息应当具有可比性，包括一致性。同一企业不同时期发生的相同或者相似的交易或者事项，应当采用一致的会计政策，不得随意变更。确需变更的，应当在附注中说明。不同企业发生的相同或者相似的交易或者事项，应当采用规定的会计政策，确保会计信息口径一致、相互可比。

（5）实质重于形式：企业应当按照交易或者事项的经济实质进行会计确认、计量和报告，不应仅以交易或者事项的法律形式为依据。

（6）重要性：企业提供的会计信息应当反映与企业财务状况、经营成果和现金流量等有关的所有重要交易或者事项。

（7）谨慎性：企业对交易或者事项进行会计确认、计量和报告应当保持应有的谨慎，不应高估资产或者收益、低估负债或者费用。

（8）及时性：企业对于已经发生的交易或者事项，应当及时进行会计确认、计量和报告，不得提前或者延后。

从这些要求或原则的内容上看，与国外的会计信息质量特征有很多相似之处，实质上就是我国的会计信息质量特征。只是与国外相比，没有划分层次，没有指出哪些是主要质量要求，哪些是次要质量要求，内涵不深刻，这就在一定程度上影响了会计信息的决策有用性。形成这一局面的原因主要是我国目前市场经济相对落后，资本市场不太发达、会计理论研究缺乏深度，以及会计信息使用者对信息质量要求不高。

在以后一段时间内，我国应借鉴美国等发达国家思路，在构建我国会计信息质量特征时以会计目标的实现为最终目的，以会计实践的可操作性为约束条件。我国会计信息的质量特征主要是公允性和可靠性。其中，公允性包括真实性和中立性，可靠性包括如实反映和可验证性。此外，可比性和及时性应作为理解信息和使用信息的次要特征。

公允性就是要求财务报表提供的信息能公平、公允地反映委托、受托双方的经济利益关系。在我国，会计信息还被认为具有利益协调或参与分配的作用。公允性是利益协调和分配所必须持有的基本立场；真实性要求财务报表信息真实地反映企业的经济现实，针对我国目前会计信息失真严重的实际情况，强调真实性，有利于维护委托方与受托方的经济利益，特别是有利于维护国家这一委托人的经济利益。如果物价变动剧烈，对经济活动造成较大影响，真实性还要求采用适当的物价变动会计模式，来消除财务报表信息的非真实性。中立性，就是不偏不倚地要求财务报表的提供者在具体加工、生成财务报表信息的过程中，不应偏袒任何一方的利益，财务报告的目的是为具有多种不同利益的信息使用者服务，没有一个预定的结果能符合所有使用者的所有利益，尽管会计人员提供信息时不可避免地会受到一些人为的干扰，但中立性要求企业决不能根据某一个或一类使用者的利益，预先确定了所期望的结果，再去选择信息来得到结果。

我国现阶段的会计信息在相关性和可靠性方面还存在着很多问题，从目前我国法律法规的角度看，我国会计信息的相关性和可靠性是兼顾的。新会计准则对信息有用性有着较为明确的要求："企业应当编制财务会计报告（又称财务报告）。"财务会计报告的目标是向财务会计报告使用者提供与企业财务状况、经营成果和现金流量等有关的会计信息，反映企业管理层受托责任履行情况，有助于财务会计报告使用者做出经济决策。

但是，在我国企业经济决策不是主要依据会计信息的情况下，或者说信息使用者对会计信息的相关性要求并不很高时，会计信息的可靠性问题尤为突出。我国会计信息的可靠性一直是衡量会计信息质量的最重要标准，而多年来的会计信息失真问题总是困扰着各方面的信息使用者，与美国在信息可靠性问题大体已获得解决前提下更关注相关性有很大不同。因此，目前我国应主要强调会计信息的可靠性，在可靠的基础上再讨论相关性。随着我国资本市场的不断完善，会计改革及其国际趋同的不断加快以及信息使用者对会计信息理解能力的增强，我国会计信息的质量特征会日趋完善。

第十一章 我国会计模式的选择与变迁

第一节 会计模式的含义

一、会计模式的含义

1999 版的《辞海》中对模式的解释是：亦作"范形"，一般指可以作为范本、模本、变本的样式。作为术语在不同的学科有不同的含义。在社会学中，是研究自然现象或者社会现象的图式理论和解释方案，同时也是一种思想体系或者思维方式。现代汉语词典的解释，模式是指某一事物的标准形式，这种标准形式可能因为其十足的个性化使得同一项事物产生不同的模式。用模式来描述的事项可大可小，大者可以描述一个国家的模式，小者可以描述一个家庭的模式。模式可以描述的事项几乎包括了人们生活中的一切领域：政治的、经济的、文化的、法律的、社会的等。模式（Pattern）或者称为范形（Model）是由范式（Paradigm）引申而来，在美国学者托马斯·库恩的《科学革命的结构》一书中将范式作为核心概念，即一个范式就是一个公认的模型或模式，说明了科学理论发展的本质和规律性O库恩提出核心概念"范式"之后，世界各国、各学科的学者根据自己的理解，将范式做出各自学科的定义并运用到不同的研究对象上，同时也引申出了诸如经济模式、社会模式、行为模式等概念。当模式用于描述会计领域中的某些标准形式时，就产生了"会计模式"（Accounting pattern）。

会计模式是指按一定的会计特征对一定国家或者地区的会计制度（Accounting system）的构成要素所进行的综合和描述。会计模式与会计制度是国际会计与比较会计研究中经常出现并且有时候交替使用的概念。狭义的会计制度是进行会计工作时应遵循的规则、方法、程序的总称。而广义的会计制度应该包括会计管理体制、会计规范、会计监督等构成要素。以我国为例，《会计法》第八条规定，国家实行统一的会计制度。国家统一会计制度由国务院财政部门根据本法制定并公布的第五十条规定，"国家统一会计制度，是指国务院财政部门根据本法制定的关于会计核算、会计监督、会计机构和会计人员及会计工作管理的制度"。这里所称的会计制度即为广义的会计制度，而不仅仅指《企业会计制度》一类会计规范。应当说明，会计制度和会计模式有着类似的内涵，但并不是等同的概念。会计制度是具体的，反映一定国家或地区的标准化会计实践活动，是同具体的会计实践紧密联系的，而会计模式是抽象的，通过排除会计制度中的具体细节而获得理论的抽象，反映了会计制度的理论基础及主要特征。按照惯例，本文也同样对会计模式和会计制度进行严格的区分。

二、会计模式的两分法一基于会计属性的重构

基于对会计模式和会计实践关系的认识，笔者认为，会计模式和会计之间具有同构性，即会计模式应该具备会计所具备的一切主要的特征。因而对会计的认识和研究成果很大程度上可以用来指导会计模式的研究，如会计目标、本质、职能，会计的系统性，会计和环境的关系等，尤其是会计属性，都可以在会计模式的研究中得以映照。会计属性是隶属于会计本质方面的特性，是会计区别于其他事物的一种内部规定性。目前会计理论界大都承认会计具有两重属性，即会计既具有技术性，又具有社会性。从会计产生和发展的过程看，会计总是随着生产力的发展而发展——会计的记账方法由简单到复杂，由低级到高级逐步完善，成为一门技术性很强的较为严谨的体系，会计这种同生产力紧密联系，随生产力发展而发展的特性是不以人的意志为转移的，它体现了会计的自然属性，表现为会计具有一整套专门的技术方法体系，这就是会计的技术性。这种属性具有超阶级性、多样性及系统性和环境适应性，是各国会计得以融通、相互借鉴、趋向国际化的主要动力。另一方面，会计对社会环境的依赖关系，决定了会计也具有鲜明的社会属性，表现在会计总是要反映特定的生产关系，受一定的政治、经济、法律、文化等社会环境的制约，是为一定的政治目的或经济政策和特定的利益集团服务的，它由体现社会性的各种因素（如会计组织管理、会计规范、会计监督、会计教育等）组成，这些因素多是以正式制度的形式存在，因此也可将其归结为制度性因素，可见，会计的社会属性直接体现着生产关系，只要不同的生产方式的存在，只要国家利益、集体利益和个人利益之间的矛盾存在，就必然会出现会计理论与实务水平的差异。基于上述认识，我们可以从技术性和制度性的二维视角对会计模式进行重构，将会计惯例、会计程序和方法等实务操作层面的要素归结为会计模式的技术层面，或是技术性会计模式，而将体现会计社会属性的以正式制度（法律、规范、条例等）形式存在的各种要素归集为会计模式的制度性层面，或是制度性的会计模式。

在会计模式的传统研究中，多数学者只是侧重于探讨制度性会计模式，如会计规范、会计标准，以及会计管理模式、监督模式等要素，却很少有将会计惯例、会计程序和方法等技术层面的要素纳入研究视野的，原因在于，很多学者认为会计模式只是对会计主要特征的概括和总结，这是不恰当的。这是因为，一方面，会计惯例是国际会计比较中一个很重要的指标，会计模式诸多方面的差异，多可以从会计惯例的差异得以体现；另一方面，会计惯例并不直接等同于会计规范和会计标准。在个别情况下，已经发布的会计准则也可能没有成为流行的会计惯例，或是因为经济环境的变化而停止执行或废止，而更重要的是，

二者的形成机理是不同的：前者是在会计实践中逐渐形成的常规或通行的做法，是非正式制度，或者说是内生制度的范畴；后者是国家或职业团体发布的并强制力保证实施的正式制度，属于外生制度的范畴，因而二者变迁的路径也存在差异。可见，将会计惯例纳入研究的视野，对于更好地认识我国经济转轨时期会计模式的选择与变迁并深入探寻隐藏于内的本质性规律是有益的。

三、国际会计制度变迁及趋同分析

（一）会计模式由多种因素决定

各国的会计事务及其管理方式都是其政治、经济、法律、历史、地理、文化、教育等因素相互作用的结果，这些以上环境因素的不同组合和变化，导致了各种不同会计模式的形成和转化。

常勋教授在分析会计模式的影响因素时，分别总结了八项社会经济环境因素和一项文化因素。社会经济环境因素包括：（1）法律制度；（2）企业资金来源；（3）税制；（4）政治和经济联系；（5）通货膨胀；（6）经济发展水平；（7）教育水平；（8）地理条件。文化因素则是指社会价值观或其他有关原则，例如，不同国家的文化会对个人主义、权力距离、不确定性的规避和阳刚性采取不同的偏好，对职业化还是法规化、统一性还是灵活性、稳健主义还是激进主义、保密性还是透明性采取不同的态度，从而对会计模式产生不同的影响。王松年教授则从以下六个方面分析了各国会计模式产生差异的原因：（1）政治经济体制；（2）法律制度；（3）税法规定；（4）企业资本结构；（5）会计职业团体；（6）民族文化特性。作为一种会计模式与众不同的一个显著特征，是该模式采用了哪一种会计规范形式，是以会计准则为主还是以会计法规和核算制度为主。通常认为，美国、英国等海洋法系（或普通法系）国家主要采用会计准则、审计准则的形式对企业财务报告加以规范和监管，而法国、德国等大陆法系（或成文法系）国家主要采用有关法规或会计核算制度对企业财务报告做出规定。

一个国家采用什么形式的会计制度，从总体上说，应由该国的宏观会计环境因素决定。例如，从法律上说，该国采用的是成文法还是普通法；从经济上说，该国采用的是市场经济还是计划经济，经济发展水平和开放程度已达到哪一个地步，资本市场的发育程度如何，是通货膨胀经济还是通货紧缩经济等；从政治上说，该国的政治管理体制如何，采用的是集权制度还是分权制度，讲究的是权力垄断还是自由民主等；从社会文化看，该国文化崇尚的是个人主义还是集体主义、是积极乐观还是稳健谨慎的心态，具有封闭保密还是公开透明的价值观等。近几十年来，各国对不同会计制度形式的采用，尤其与以下具体因素有关：

1. 资本市场发展程度

企业资本如果主要来自于政府或银行贷款，为了保护政府（包括国家投资者）或银行的利益，维护国家金融秩序，通常会使用立法或行政手段对企业财务报告做出规范。相反，如果企业资本主要通过资本市场来自于公众投资者，一般会使用会计准则形式对公司财务报告做出规范，来满足公众利益的和有效决策的需要。美国、英国等西方发达国家的资本市场发展历史较为悠久，市场运行监督机制比较完善，上市公司数量和影响都很大，参与资本市场的投资者众多，且通常都接受过较高水平的专业教育。资本市场发展程度较高国家的广大投资者对企业提供高质量会计信息的要求自然就顺理成章，需要会计准则来加以规范。而对于新兴市场国家和没有设立资本市场的国家，上市公司通常数量少、规模小，尚没有形成所谓的"产权文化，而这些国家一般习惯按照法规或会计核算制度对企业会计实务和财务报告做出规定。

2. 证券管理机构推动

一般而言，各国上市公司是应用会计准则的主要力量。各国会计准则的产生和发展，与相关国家证券管理机构的支持密切相关。证券管理机构为加强本国资本市场管理、从保障资本市场有效运行的考虑出发，一般要制定系列的证券和金融法规，其中通常包括关于上市公司会计信息披露方面的规范。由于会计问题具有较强的专业技术性，证券管理机构多数会将制定适用于上市公司会计准则的权利，委托给有关会计职业组织或独立会计准则制定机构，自己仅保留对会计准则制定和执行的监督权、否决权。如美国证券交易委员会（SEC）在将会计准则制定权先后委托给会计程序委员会（CAP），会计原则委员会（APB）和财务会计准则委员会（FASB）后，自己不再制定会计准则，它在对会计准则的制定实施过程进行监督的同时，形成了会计准则的"执行机制"，而即对所有上市公司报送的注册文件和年度报告遵守会计准则情况均进行严格检查和监督，以保证会计准则的有效实施。有一些国家的证券管理机构与会计准则制定机构之间配合不够默契，部分会计准则在上市公司中的应用受到了来自于证券管理机构的反对，使会计准则的执行效果大打折扣。

3. 对国际经济依赖程度

部分国家对会计制度规范形式的应用，尤其是从某种规范形式转化为另一种形式，通常与该国对国际社会开放和依赖程度有较为密切的关系。我国改革开放后会计制度变迁，就是最好的例证。在实行改革开放政策前，我国"一无内债，二无外债。"

国家经济很少参与国际社会的大循环，对国外资金、技术和管理也没有迫切需求，一直实行传统和统一的会计核算制度，没有出现太大的问题。随着改革开放的逐步深入，我国经济与全球经济的关系日益紧密，为了快速发展我国社会主义商品经济和市场经济，我国既需要大量的国际资金和先进技术，也要求在管理体制和管理方法上向国际惯例学习和借鉴，这对我国会计改革提出了较为迫切的需求。当我国企业到国外筹资、在香港发行 H 股和在国内发行 B 股时，需要根据其他国家或国际会计准则编制财务报告。

因此，我国从 20 世纪 80 年代开始研究尝试，90 年代初正式推行并逐步加快了会计改革步伐，明确以会计准则作为我国会计制度的主要规范形式之一。此次改革的重要一环是颁布了《企业会计准则》，然后是陆续制定和颁布了具体会计准则，逐步取代相关会计核算制度，总的目标是建立一套既立足我国国情又同国际惯例接轨的以会计准则为核心的会计规范体系。

4. 政治势力影响

会计制度形式的采用，还与政治势力的影响有关。不同的政治势力赋予会计制度以不同的主观目的，包括：（1）国家宏观管理需要；（2）国家统计数据的需要；（3）保护投资者、债权人等需要；（4）国家纳税需要；（5）满足企业管理的需要等。不同国家可能会偏重以上不同目的，通常会使用不同的会计制度规范形式。如在冷战时期整个世界被划分为社会主义阵营和资本主义阵营，包括我国在内的许多社会主义阵营国家，一般使用苏联统一会计核算制度的规范形式，以满足计划经济管理的需要；在资本主义阵营的国家或地区，包括我国的台湾和香港、澳门地区，均采用美英国家的会计准则形式，以适应市场经济管理的需要。

5. 社会文化影响

社会文化包括思想观念、价值取向、思维方式、行为准则、语言文字和风俗习惯等，对于会计模式的形成和发展具有重要的影响。由于文化是人类在长期的社会实践中创造和积累的，体现了一个国家或民族的精神特征，因而在不同的文化环境中，会计模式会呈现出明显的差异。荷兰学者何斯特德曾将社会文化的差异分为四个方面，即个人主义还是集体主义、权距之大小、对不明朗因素反应的强弱、阳刚还是阴柔。以对不明朗因素的反应为例，在一个反应较强的国家，人们更加关注会计信息的可靠性，往往采用较为严格、保守、谨慎的会计方法，一般会采用会计核算制度。而在反应较弱的国家，人们本性则较为乐观豁达，注重成就，强调会计信息的真实反映，一般会采用会计准则。

（二）全球会计模式的融合趋势

20 世纪 90 年代以后，随着社会主义和资本主义两大阵营对立的消失以及苏联的解体，服务于计划经济的苏维埃会计模式或共产主义国家模式影响渐微。同时，随着经济国际化和全球化的迅速发展，从事市场经济的各个国家的经济模式、管理模式以及文化价值观也加强了相互学习和交流，因此使各国会计模式呈现出融合的趋势。

1. 各种不同会计模式之间的关系开始简化

近年来，会计学家们对会计模式所做的分析，不再是将它们划分成许多模式，而是简单地归结为大陆法系会计模式与海洋法系会计模式，而且当今世界上绝大多数国家的会计模式均可以划归于这两大类。美国（含英国以及一些英语国家）会计模式作为一方，法国和德国等欧洲大陆国家的会计模式作为另一方。虽然这两种主要的会计模式之间还存在比较显著的差异，但美英会计模式和法德会计模式之间已逐步呈现一种"求大同、存小异"的势头。我国会计学家郭道扬教授发表"论两大法系的会计法律制度"，深入研究了英美法系和大陆法系会计法律制度建立历史过程及各自运行基本规律，分析比较了两大法系会计法律制度建立的和形成的基本特点，以及其中值得重视和研究的一些基本问题。其中，两大法系中的大陆法系（或称为民法法系）在罗马法基础上形成与发展起来的法系，历史悠久，分布最广，影响很大，代表国家有法国与德国；英美法系（或称为普通法系、海洋法系）以英格兰普通法为基础形成、发展起来，它在进入现代社会后，发展创新力度明显加大，影响也不断加大，在世界法系中与大陆法系形成并驾齐驱甚至略胜一筹的演进格局，代表国家有英国和美国，进入 20 世纪后美国开始占据主要地位。两大会计法律制度体系各有特色。大陆法系以"法典式会计制度"显示其特色，而英美法系则以会计准则显示它的特色。

2. 欧洲大陆法系会计模式有明显向美国等海洋法系会计模式靠拢的趋势。汪样耀教授曾以"会计准则：市场经济发展的必然选择"为题，阐述了各国采用会计准则的发展趋势。他指出，随着市场经济的发展，生产要素的进一步市场化以及资本市场的全球化，世界各个国家逐步认同会计准则是目前较为适合市场经济运行和发展的会计制度规范形式。最早采用其他会计制度规范形式的一些国家，也陆续开始采用会计准则形式，走向了会计准则的大同世界。

如欧洲大陆法系国家，原来主要是以公司法、民法、商法、税法等法律来规范企业的会计行为，主要是因为这些国家多数公司的家族色彩相对浓厚，资金主要来源是家族资本和银行借款，而不像美英企业主要来源于大众投资者，原先这些国家的资本市场一般不是很发达，且会计职业组织规模和影响都比较小，也缺乏完善的独立会计制度。

然而，这些国家随着自身经济发展规模的不断壮大及参与世界经济大循环程度的逐步提高，对外筹集资金和开放市场的愿望日益强烈，国际资本流动速度明显加快、规模显著扩大，资本市场对企业会计信息质量要求也越来越高，靠原有会计立法的会计制度规范形式已不能满足这些要求。

因此，欧洲许多国家逐步开始采用会计准则形式，作为对"法典式会计模式"会计规范的补充。特别 21 进入世纪以来，法国、德国、奥地利、意大利、比利时、西班牙等国家先后修改了法律，允许部分上市公司采用美国公认会计原则或国际会计准则编制国内财务报表；法国和德国等还设立了会计准则委员会，作为会计准则制定机构来制定本国的会计准则；后来，欧盟明确表示，为支持会计准则的国际协调，不准备再制定一套在欧盟范围内的会计准则，而要求欧盟上市公司从 2005 年起使用国际会计准则来编制合并财务报表，允许与欧盟已有法规存在一定的差异。向会计准则转化的情况也同样发生在我国。通过下文第五章对我国会计环境变化做出的分析，就可以理解我国建立社会主义市场经济前为什么采用会计核算制度，而之后又需要采用会计准则的原因。

表 11-1 有关会计模式的特征

特征	大陆法系	英美法系
会计体系类型	政府驱动、税收主导	商业驱动
文化	类似的会计价值观（法规化、统一性、保密性）	类似的会计价值观（职业化、灵活性、透明性）
法律制度	来源于成文法典	来源于普通法
对国际资源的依赖性	相对较为不依赖国际资源	相对较为依赖国际资源
会计焦点	比较不关注产权	强烈关注产权
资本来源	主要来自于私人产权和债务	主要来自于公众产权和债务
公司治理	利益相关者模式	股东模式

第二节 会计模式变迁的路径

一、技术性会计模式变迁的路径分析

一般说来，会计惯例是会计模式中最活跃的因素，它最直接地体现着生产力发展的要求。生产力的革命性决定着会计模式具有扩张和渗透的本性，同时又决定了会计模式具有较强的适应性和融通性，能随着生产经营环境的变化而适时地调整和完善自己。正是会计的技术属性，才使得会计和会计模式具有国际化的动力和源泉，同时，它可以直接对经济需求做出反应，并超越现行的会计管理体制和会计规范体系，从而带动和促进整体会计模式的进化。

从新制度经济学的视角来看，技术性的会计模式属于内生制度的范畴，其变迁的路径主要表现出诱致性变迁的特性。所谓诱致性变迁，指的是现行制度安排的变更或替代，或者是新制度安排的创造，是由一个人或一群人，在相应获利机会时自发倡导、组织和实行的。结合本文所探讨的实际问题，笔者尝试进行如下修正，即认为，会计模式的诱致性变迁是指为了适应社会发展的需要、满足经济管理的要求而发生的、不以个人、团体乃至国家意志为转移的变迁。

会计模式的诱致性变迁，使得不同的国家和地区的会计惯例趋于融合。这一点可以在世界会计的发展中得以很好的体现。从 14 世纪至 15 世纪，意大利商人的商业活动就跨越国界了。作为现代簿记方法鼻祖的复式记账原理始于意大利城邦，而后传播到德、法、荷兰等国家，又从那里传到了英国，会计制度就是随着商业活动的扩展而传播的。17 世纪和 18 世纪，英国的会计和审计方法传遍了它当时的殖民地（现代的英联邦），而且传到了美国；法国把它的会计传到了它的非洲殖民地；荷兰把会计制度传到了印度尼西亚和南非；德国也把会计传到瑞典等东欧国家以及沙皇俄国和日本。

可见，会计作为一门技术是超越了国界，超越了政治的。近年来，随着经济全球化进程的加快，国际资本市场也获得了迅速发展，跨国投资和融资活动进一步促进了各国会计惯例之间的协调乃至趋同，尤其是频繁发生的企业兼并及其规模的急剧扩大更加促进了跨国公司的发展，进而在微观层面推动着会计惯例之间的国际趋同。在 IASC 的努力下，"制定一套高质量、可理解和可实施的全球会计准则"的方针得到了越来越多的国家和国际组织支持，各国会计的会计标准出现了明显的趋同趋势，欧盟、澳大利亚等国已经决定采用国际财务报告准则，我国更是于 2006 年 2 月 15 日出台了一揽子会计审计准则，实际上完成了会计和审计标准的国际趋同。由此可见，会计模式的国际趋同已是大势所趋、潮流所向。

如前所述，会计从其诞生的那一天起，从来就不是孤立的和静态的，而是动态的和发展的，不断地同外界进行着物质能量和信息的交换，在长期的历史发展中，不断地相互渗透和融合。因而可以说，会计模式的技术性属性，决定了会计模式的选择和变迁必然要顺应国际趋同的客观规律。

二、制度性会计模式变迁的路径分析

笔者把为进行会计工作的组织和管理而正式发布的相关法规、设立的组织机构以及指导组织机构运行的规章制度和行为准则统归于制度性的会计模式，或者说是会计模式中的制度安排要素，其共同之处在于它们都是由国家或其他机构（如职业团体）正式发布、并由相关措施加以保障，亦即同属于外生制度的范畴。这些外生的制度安排通常是理论研究所关注的焦点，然而多数学者在研究时，倾向于认可会计环境的决定作用，并将着眼点放在对环境因素的分析上，得出的结论也多是会计模式的选择一定要根据本国特定的环境进行，这种分析在理论上完全成立，但其现实指导性和解释力却稍显不足，一个典型的例子是，处于经济转轨时期的国家，其会计模式的选择经常会超越其所处的环境，并将肩负促进落后环境改变的重任，因此在环境的背后，必然隐藏着更为本质的原因。

按照韦伯的定义，国家是一种在某个给定的地区内对合法使用强制性手段具有垄断权的制度安排，国家的基本功能是提供法律和秩序政策，维护社会经济的发展，并保护产权以换取税收。国家在这里担负着制定并维系秩序政策的责任，国家要建立各项与社会市场经济相适应的法律，以保障经济运行。会计作为管理企业经济活动的一种有效手段，当然也充分体现了这种"秩序政策"也就是说，会计作为一种经济管理的手段，归根结底是受国家意志的决定和制约的。正是从这个层面上讲，国家意志从根本上决定着一国会计模式。基于新制度经济学的研究，制度性会计模式的变迁更多地表现出强制性制度变迁的特征。所谓强制性制度变迁，指的是制度的变更或替代是由政府或法律引入和实行的。同样地，基于本文研究的需要，笔者对其加以扩展和深化，将会计模式的强制性变迁界定为：国家或政府基于对环境和会计发展状况的认知，在其已有的会计理念的指导下，为达到特定的目标而制定一系列制度并以强制力保障实施的变迁形式。

从理论上讲，会计模式的选择与变迁，应顺应经济发展的客观规律，满足经济运行过程中不断提出的要求，并与其所处的环境相适应，与整个社会制度结构中的其他制度安排相协调，然而，实际情况却并非如此，适合经济环境、符合经济发展规律的会计模式未必能够得以确认而上升为国家的正式法规或制度；同样地，国家所颁布并大力倡导的行为准则也未必能够受到广泛的认可，其实施效果也无从谈起。也就是说，外生制度和内生制度有可能因主体认识偏差和利益冲突而存在某种程度上的不相容，正是这种不相容性，使得正式制度的执行效果大打折扣，造成我国会计信息质量的失真现象严重泛滥。深入分析这种偏差产生的根源，对于指导我国会计模式的选择与变迁无疑有着重大的现实意义。

任何一项制度的颁布都是经过一系列的程序论证，由某一特定的决策主体的认可而形成的。诚然，科学的程序是合理制度生成的根本保障，但不容否认的一点是，决策主体的主观意志仍是一个至关重要的影响因素。当然，良好的程序安排有助于克服个体的"主观倾向"，如 FSBA 就制定很复杂的程序，其他国家的会计准则制定程序也有向美国靠拢的倾向，但作为一个决策主体的集合，机构仍会存在由于"集体无知"带来的决策失灵，正是这种失灵造成了外生制度决策的偏差。长久以来，人们关注的只是决策程序，而不自觉地将决策主体视为一个"黑箱"而认为只要程序科学，便会必然生成符合标准的制度，这是一个缺憾。

第三节　我国会计模式选择的内生性路径

一、制度变迁视角下的两大会计模式

如果考虑文化传统根源的差别，法德与英美会计模式在各自的深层环境因素中又存在各自的合理性，也就是说，依然需要重视"知识结构"在制度变迁乃至在会计制度均衡中的意义，但仍然有必要强调经济学家诺斯的两个结论——"强调制度安排的发展才是主要的改善生产效率和要素市场的历史原因"，而"在稀缺和竞争成为普遍存在的条件时，效率较高的制度安排将取代效率较低的制度安排"。从欧盟的会计协调来看，颁布了三个涉及会计与审计的指令，1978 年采用的第 4 号指令《年度财务报表的格式和列报规则》的突出表现，是采用了英国会计长期遵循的"真实与公允"观点作为欧盟国家编制财务报表的指导思想，在 1983 年采用的第 7 号指令《合并会计报表和附属公司》中，出于协调需要，允许企业在编制合并会计报表时进行一定程度的会计选择，而这在法德会计模式下以纳税为目的的单一报表所做不到，因为法德会计模式下的单一报表会计方法在很大程度上受法律和税制的约束。

虽然这两个指令的颁布对欧盟尤其是法德的会计制度与实务产生了很大影响，但是还不能对法德会计模式会大面积吸收英美会计模式而得到改进轻易地下结论，因为依据1957年签订的《罗马公约》，欧盟的管理机构发布的特定规则是各成员国必须立即执行的，而颁布的指令则是相对宽松的，各成员国可以在既定的期限纳入国家法律，也就是说指令的约束力是有余地的。因此，虽然会计指令已经颁布和应用，但指令往往不能得到按时执行，如对第4号指令、第7号指令，很多欧盟国家并没有按时将之纳入法律，尽管欧洲委员会要求各家公司2005年前在欧盟上市按IFRS/IAS编制财务报告，欧盟也没有进一步发布新指令的计划。

欧盟会计协调的动力、原因以及现状依然可以得到制度经济学的解释。诺斯和托马斯（1971）在他们著名的"庄园制度的兴起和衰落"研究中，构筑了一个经典的经济学"理论模型"——制度变迁与交易费用的解释模型。从封建庄园制到后来英格兰的土地私有制和劳动力自由市场安排，每一个制度变迁都是因为新的经济条件的变化，从而导致新的更加节省交易费用的制度安排的诞生，以至于最终取代不能适应新经济环境的旧的制度安排。欧盟会计协调的动力和原因在于跨国经营与跨国融资所引起的财务会计报告环境的变化，而第4号、第7号、第8号指令的颁布及实施也主要是为适应新的国际经营和融资环境、从而降低转换成本等交易费用。诺斯和托马斯在"庄园制度的兴起和衰落"研究中还注意到，新经济环境的出现会引起追求利润动力的增加，各种变化及利润动力首先会对次级安排产生压力——改变次级制度安排，违背、更改或其他绕过现存的基础性安排的这类变化不断积累力量，终将会对基础性制度安排进行更基本的或成本更高的修改产生不断增长的压力，诺斯和托马斯结论是"次级制度安排中那些积累的变化最终会导致一连串基础性法律的颁布"，欧盟颁布的第4号、第7号、第8号指令是对会计实务进行调整的次级制度安排，最终导致各国将之纳入基础性制度安排——各国会计法律之中。但诺斯和托马斯在"庄园制度的兴起和衰落"研究中也指出，当影响次级制度安排的各种参数的变化为建立新的次级制度安排提供潜在利益时，如果新的次级制度安排与基础性制度安排发生冲突，那么这种新的次级制度安排就不会实现，至少不会立即实现，欧盟颁布的第4号、第7号、第8号指令无疑是与法德会计制度安排相冲突的，因此，欧洲多数国家"慢腾腾"地、"极不情愿"地改变基础性会计法律。

由于在跨国经营、跨国融资等方面改变次级会计制度安排和基础性会计制度安排的利益是可见的，因而可以导致法德会计制度的局部少许变动，但是实行准则型会计、将财务会计与税务会计分离、培育发达的会计职业等好处往往不能直接显现或者是不可见的，因此对于法德会计制度的根本性变迁，目前依然不能得出精确的预期结论，还应该看到"习惯"对于会计制度选择的约束力，经济学所谓"知识结构"在制度均衡中的作用对于会计制度变迁的路径也具有同样的意义。

但在另一个意义上——从长期的意义上来看，会计模式的变化仍然具有可以预见的趋势。在"庄园制度的兴起和衰落"研究中，诺斯和托马斯认为，产权和制度变迁经济学更为关注长期的经济变化,制度变迁显示了变迁过程中一系列产权和个人权利的基本的变化,本文认为从长期趋势来看会计产权的有效配置依然是会计模式变化的内在动力,独立税务会计及其他自主会计选择等个体会计产权的内在价值终会得到证实,正如诺斯和托马斯在"庄园制度的兴起和衰落"研究中所坚持的,所需要的是新的能使个人回报率和社会回报率相等的根本性的制度安排,这样才能出现持久的经济增长。

二、我国文化传统的边际性变迁

诺斯（1971）论述"制度变迁与经济增长"时关于文化有一个重要观点:人们往往根据固定的思想意识去行动,因而意识形态是节约信息成本的一个途径。文化传统以其固有的价值与效率取向与制度安排产生共振,体现了文化传统对制度选择的内生性作用。在经济学效率意义上,我国文化传统能够做哪些边际性的变化? 也就是说在框架上中国传统文化有哪些方面与经济学效率相悖? 从经济学角度来说,除了上述固有的价值与效率取向外,中国传统的家族文化与伦理意识及儒家哲学也具有非效率的一面。家族文化与伦理意识内含亲情与等级秩序,由此决定的合约费用的结构使分工不能完全服从经济上有效率的原则,而即这种传统倾向于以"人情"与"等级"作为交易原则,因而缺乏合理产权界定与公平交易及效率分工的市场性交换与市场性契约精神,儒家哲学精神由于排斥"利润"进而其本身就不是一种以"利润"为动力的制度创新的激励体系。

因此,虽然中国传统文化具有固有的价值与效率的禀赋,但没有有效的个体产权界定,缺乏市场契约与效率分工意识及缺乏激励体系也抑制了这一文化禀赋。固有的价值与效率取向为我国传统文化指明了变迁的方向,市场效率、契约效率、分工效率以及创新这些理念应该说是符合我国传统文化固有的价值与效率取向的。变迁只能从"习惯"的边际开始,从实践来看,虽然积淀了几千年,但这种边际性的变迁却是实实在在地在进行,制度变革与创新的动力是"看不见的手"而几十年的改革也验证了这一经济性原则,需要培育的依然是市场契约精神、效率分工意识、激励创新体系。如何合理甄别传统文化价值与效率的一面及如何改变非效率的一面,是我国会计制度变迁面临的一个重要问题,现实的选择应该遵循"接受不需要改变的、改变可以改变的"的原则,接受固有的价值与效率取向,通过诱致性变迁和强制性变迁在边际上去变革非效率的一面,从而实现那些固有的价值与效率取向。

三、会计模式的内生性对接:一个路径参照

经由上述分析,在框架上而不是细节上,我国传统文化固有的价值与效率取向,
即可以预见的边际性变迁方向与会计产权配置更合理的英美会计模式具有共振性,因而选择英美会计模式作为我国会计模式的路径参照应该是一个内生性对接。为什么不以折

中的方式同时对接法德与英美会计模式中各自的优势？经济学家关于后发优势与后发劣势的讨论，其中心也正是论证制度参照这个问题的，他们认为，只有成功的整体制度内生性模仿才会产生"后发优势"，部分的制度或者只局限于技术层次的外生性模仿只能产生"后发劣势"。

正如本节始所指出的，制度模式参照不能采取折中与拼凑的路径——对各种制度模式进行"剪裁"，这不是内生性的扬长，而是外生性的移植，其特征是非线性的，因而其效率是不可预测的，制度模式参照应该是总体上内生性对接其中一种典型模式，并按照内生性原则进行合理的取舍———一个参照性创新，其特征是线性的，也是可预测的。

那么如何按照内生性原则对英美会计模式进行合理的取舍？本文认为在总体上对接英美会计模式的基础上，考虑文化传统对会计制度选择的内生性约束力，应该看到我国长期的农耕文明积淀了对皇权——权威的遵从，缺乏民间自治"习惯"，因此，财务会计概念结构与财务会计准则的制定可以采纳政府主导模式，财务会计标准在体例上可以采用英美的准则型会计——会计准则，在制度层次上，为保证执行效力，财务会计概念结构、财务会计准则应该采用法规或规范性文件的形式，以保证其权威性和执行力，从我国 2006 年颁布新的企业会计准则到现在的会计安排来看，在文化、效率的会计模式对接上，符合本文在理论上所推定的逻辑框架，因而依据上述分析 . 我国目前已经选择的会计模式在制度层次的安排上具有经济学意义上的制度适宜性。

参考文献

[1] 李文斌 . 浅析现代会计二作面临的机遇与挑战 [J]. 商展经济，2021，（第 11 期）：113-115.

[2] 杨建娜 . 浅议现代会计发展的现状及对策 [J]. 全国流通经济，2020，（第 35 期）：184-186.

[3] 张艺薇 . 现代会计驱动企业价值创造 [J]. 财会学习，2020，（第 20 期）：83-84.

[4] 刘晓东 . 现代会计管理在电子商务中的应用策略 [J]. 商展经济，2022，（第 13 期）：35-37.

[5] 徐秀娟 . 现代会计在企业管理中的地位与应用思考 [J]. 上海商业，2023，（第 3 期）：141-143.

[6] 邱彩云 . "互联网 +" 对现代会计发展的影响研究 [J]. 营销界，2019，（第 52 期）：194-195，200.

[7] 刘青青 . 现代会计实时控制的研究 [J]. 山西农经，2020，（第 24 期）：121-122.

[8] 赵小雅，周逸怀，李瑞科 . 现代财务会计与企业管理 [M]. 北京：中国商业出版社，2021.11.

[9] 叶陈刚，刘风明，陆军主编 . 基础会计学 [M]. 北京：经济科学出版社，2020.8.

[10] 金萍著 . 管理会计理论与创新实务研究 [M]. 哈尔滨：哈尔滨工业大学出版社，2020.8.

[11] 李德柱著 . 现代会计教学与专业实践探究 [M]. 天津：天津科学技术出版社，2020.6.

[12] 王菁 . 现代会计在经济资源配置过程中的功能分析 [J]. 消费导刊，2020，（第 7 期）：201.

[13] 曹阳 . 分析人工智能对现代会计从业人员的影响 [J]. 消费导刊，2020，（第 7 期）：226-227.

[14] 石梓薇，叶赛 . 现代会计发展对经济环境的影响研究 [J]. 福建质量管理，2020，（第 7 期）：47.

[15] 钟丹 . 现代会计信息系统管理存在的问题及对策 [J]. 中国民商，2020，（第 6 期）：121-122.

[16] 景净植 . 现代会计发展与经济环境的关系 [J]. 中国乡镇企业会计，2018，（第 5 期）：

189-190.

[17] 王欣，邢茂丽，燕玉玲 . 现代会计信息质量评价研究 [J]. 商业会计，2020,（第 12 期）：34-39.

[18] 涂伟 . 现代会计信息系统管理存在的问题及对策 [J]. 经济研究导刊，2019,（第 3 期）：94，195.

[19] 钟爱军，张娜依著 . 会计学原理与实务 [M]. 北京：经济科学出版社，2020.06.

[20] 孙湛编著 . 现代成本会计 [M]. 北京：清华大学出版社，2020.5.

[21] 王倩主编 . 管理会计实务 [M]. 上海：立信会计出版社，2020.5.

[22] 付艳著 . 会计实践应用问题研究 [M]. 吉林出版集团股份有限公司，2020.4.

[23] 杨力，邵莉，孙尧著 . 现代财务会计及其会计信息化研究 [M]. 长春：吉林科学技术出版社，2020.

[24] 王梓晨，李战奇，李钢著 . 现代财务管理与会计信息化 [M]. 哈尔滨：哈尔滨地图出版社，2020.

[25] 温新生著 . 现代财务会计与审计核算 [M]. 北京：九州出版社，2019.12.

[26] 陈良著 . 现代管理会计体系构建与运用 [M]. 南京：江苏人民出版社，2019.10.

[27] 田昆儒 . 现代会计本质研究：基于理论与实践的再认识 [J]. 商业会计，2019,（第 3 期）：4-8.